見田宗介

Munesuke Mita

現代社会は どこに向かうか

——高原の見晴らしを切り開くこと

Eurus Notus Boreas Zephyrus

岩波新書
1722

はじめに

現代社会は、人間の歴史の中の、巨大な曲がり角にある。

古代ギリシャではじめての「哲学」が生まれ、仏教や儒教が生まれ、キリスト教の基となる古代ユダヤ教のめざましい展開のあった「軸の時代」は、現在に至る二千数百年間の人間の精神の骨組みとなる考え方が形成された時代であり、人間の歴史の第一の巨大な曲がり角であった。

この「軸の時代」の現実的な背景は、この時代ユーラシア大陸の東西に出現し急速に普及した〈貨幣〉の経済と、これを基とする〈都市〉の社会の勃興であり、それまでの共同体の外部の世界、〈無限〉に開かれた世界の中に初めて投げ出された人びとの、底知れぬ恐怖と不安と、開放感だった。この不安と恐怖と開放感が、新しく無限に向かって開かれた世界を生きる確かな根拠と方法論とを求めて、普遍化された宗教と合理化された哲学とを追求し、確立してきた。

貨幣経済と都市の原理が、社会の全域に浸透したのが「近代」であるから、「軸の時代」とは、「近代」に至る力線の起動する時代であった。無限に発展する「近代」という原理はやがて、二〇世紀後半の〈情報化/消費化社会〉において、完成された最後のかたちを実現することとなる。あらゆる障壁を打ち破りながら進展しつづけるこの「近代」という原理、その最後の純化されつくした形としての〈情報化/消費化社会〉は、それが全世界をおいつくした〈グローバリゼーション〉というまさにその事実によって、ここに初めて、この無限の発展の前提である環境と資源の両面において、地球という惑星の〈有限性〉と出会うこととなる。

球はふしぎな幾何学である。球表はどこまで行っても際限ない。それでもその全体は有限な閉域である。球は無限でありながら有限である。

貨幣経済と都市の原理と、合理化され普遍化された精神の力をもって、人間は地の果てまでも自然を征服し、増殖と繁栄の限りを尽くし、この惑星の環境容量と資源容量の限界にまで到達する。人間はどこかで方向を転換しなければ、環境という側面からも資源という側面からも、破滅が待っているだけである。

数千年来少しずつの増殖を重ね、産業革命期以後は加速に加速を重ねて来た人間の増殖率は、序章九頁図4に見るように、一九七〇年代という時代に、史上初めての急速な減速に反転し、以来現在に至るまでおそらく増殖の停止に至るまで、減速に減速を重ねることとなった。これは一九七〇年代以降、人間は歴史の第二の巨大な曲がり角に入っていることを、端的によく示している。

第一の曲がり角において人間は、生きる世界の無限という真実の前に戦慄し、この世界の無限性を生きる思想を追求し、六〇〇〇年をかけてこの思想を確立して来た。現代の人間が直面するのは、環境的にも資源的にも、人間の生きる世界の有限性という真実であり、この世界の有限性を生きる思想を確立するという課題である。

この第二の巨大な曲がり角に立つ現代社会は、どのような方向に向かうのだろうか。そして人間の精神は、どのような方向に向かうのだろうか。わたしたちはこの曲がり角と、そのあとの時代の見晴らしを、どのように積極的に切り開くことができるだろうか。本書はこの問いに対する、正面からの応答の骨格である。

序章「現代社会はどこに向かうか——高原の見晴らしを切り開くこと」では総論として、本書の全体の骨子がコンパクトに要約されている。

一章「脱高度成長期の精神変容——近代の矛盾の「解凍」」と二章「ヨーロッパとアメリカの青年の変化」は、現代社会がその方向に向かおうとする〈高原期〉の、人びとの精神、価値観やものの考え方を知るための、実証的な手がかりとして、「脱高度成長期」に精神を形成した日本の新しい世代の精神の変化について(一章)、および、同様に経済成長の完了した後の時代に精神を形成した西ヨーロッパ、北ヨーロッパ、アメリカ合衆国の新しい世代の精神の変化について(二章)、大規模な調査にもとづくデータが解析されている。

三章「ダニエルの問いの円環——歴史の二つの曲がり角」と四章「生きるリアリティの解体と再生」は短い間奏であり、それぞれ独立のエッセイであるが、この二つの短い間奏を挿むことによって、巨視と微視との二つの視点から、本書の理論の全体の「意味」が、くっきりと明確に伝わるのではないかと思う。

五章「ロジスティック曲線について」と六章「高原の見晴らしを切り開くこと」では、もう一度真正面から、序章「総論」に対する質問と批判に応答すると同時に、積極的、徹底的に、主題の全面展開を行っている。

短い補章「世界を変える二つの方法」は、「現代社会はどこに向かうか」という本書の中心のテーマの完結の後で、この主題からは少し離れて、どのように実現するかという実践論の、メモ風の走り書きである。本論の理論と実証とは独立に、エクスクラメーション・マークの本体から少し切れたところに、けれども本体の力の方向線上に、打たれる小さいピリオドである。

目　次

目　次

序章　現代社会はどこに向かうか

――高原の見晴らしを切り開くこと――

1　未来の消失？　現代の矛盾

二〇〇六年にある種社会的な話題となった映画『ＡＬＷＡＹＳ――三丁目の夕日』では、一九五八年という、高度経済成長始動期の東京を舞台としている。この映画のほとんどキャッチコピーのように流布した評語は、「人びとが未来を信じていた時代」というものであった。「未来を信じる」ということが、過去形で語られている。一九五八年と、二〇〇六年という五〇年位の間に、日本人の「心のあり方」に、見えにくいけれども巨大な転換があった。

一九五〇、六〇、七〇年代くらいまでの青年たちにとって、現在よりもずっとすばらしい未来、よい未来、ゆたかな未来が必ず来るということは、ほとんど当然の基底感覚であった。それがどのようにすばらしい未来であるかについて、さまざまなイデオロギーやヴィジョンが対立し、闘われていた。二一世紀の現在、このような「未来」を信じている青年は、ほとんどいない。人びとの生きる世界の感覚の基底の部分に、沈黙の転回はあった。

この時期の日本人の精神変容の方向性を、何か客観的な数字のようなもので確認することができるだろうか？

日本人のものの考え方、感じ方の変動を、統計学的に信頼しうる規模と方法論とをもちいて跡づけてきた、ほとんど唯一といってよい資料として、一九七三年以降五年ごとに行われてきた、ＮＨＫ放送文化研究所による「日本人の意識」調査のデータがある。

二〇〇八年に至る三五年間の変化を全体として見わたしてみると、その変化の「内容」に至る手前のところで、まず変化の「外形」において、おどろくべき「発見」に遭遇してしまう。

図1は、現代日本を構成する「世代」を原則一五年ごとに、「戦争世代」「第一次戦後世代」「団塊世代」「新人類世代」「団塊ジュニア」「新人類ジュニア」としたときの、各世代の各時点の意識の変化を示すものであり「星座」にみえる一つ一つの塊は、各世代であり、その調査時点ごとの「意識」のありかを点で表示して結んだものである。

思い切ってかんたんに結論だけを言うと、「世代の星座」が最近になるほど接近してい

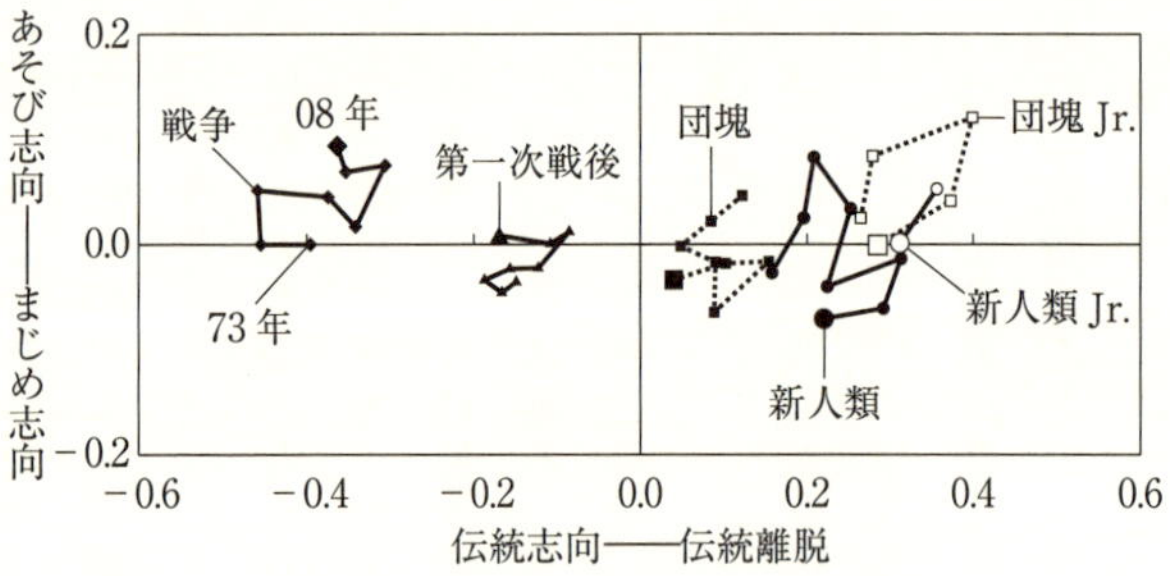

図1　現代日本の各世代の精神の軌跡

る、ということである。つまり、「戦争世代」と「第一次戦後世代」と「団塊世代」の意識はそれぞれ大きく離れているが、「団塊世代」と「新人類世代」は少し接近し、「新人類世代」と「団塊ジュニア」は一部重なり、「団塊ジュニア」以後はほとんどまじりあっているということである。もっとデジタルに、現在における世代間の精神の「距離」を直接に測定すると表1となる。「新人類」以降の世代に差異がなくなってきていることが、端的にわかる。表2は、ハイティーン（一六―一九歳）とその親の世代との「親子の距離」を、各時点ごとに測定したものである。一九七〇年代にあった大きな「世代の距離」が八〇年代末には著しく減少し、今世紀に入ってほとんど「消失」している。

この発見はコロンブスの卵であって、言われてみればだれでも納得するというより、あたりまえのことだと思う。七〇年代以降の生まれの世代の間で感覚の差異がなくなってきていることは、ファッション界でも教育の現場でも、商品開発の現場でも語られていることであって、すこしも新しい発見ではない。

けれども少なくとも「団塊世代」までは、歴史というものは「加速度的」に進展するということを、当然の感覚のように持っていた。「近代」は古代・中世よりも変化の急速な時代であり、近代の中でも、一八世紀より一九世紀、一九世紀より二〇世紀は、変化の激しい時代であった。二〇世紀でも、一九七〇年代くらいまでは最近の一〇年はその前の一〇年よりも変化が早い、という時代の連続であった。

「歴史は加速する」ということの感覚には、客観的な根拠もあった。図2はごくありふれたグラフの一つだが、エネルギー消費量の変化を、一〇〇〇年間でみたものである。エネルギー消費量だけでなく、人間活動の様々な分野をグロス

表1　世代間距離(2008年)

戦争	第一次戦後	0.19
第一次戦後	団塊	0.21
団塊	新人類	0.18
新人類	団塊 Jr.	0.06
団塊 Jr.	新人類 Jr.	0.03

表2　16-19歳と親世代の距離

1973年	0.31
1988年	0.17
2003年	0.06
2008年	−0.01

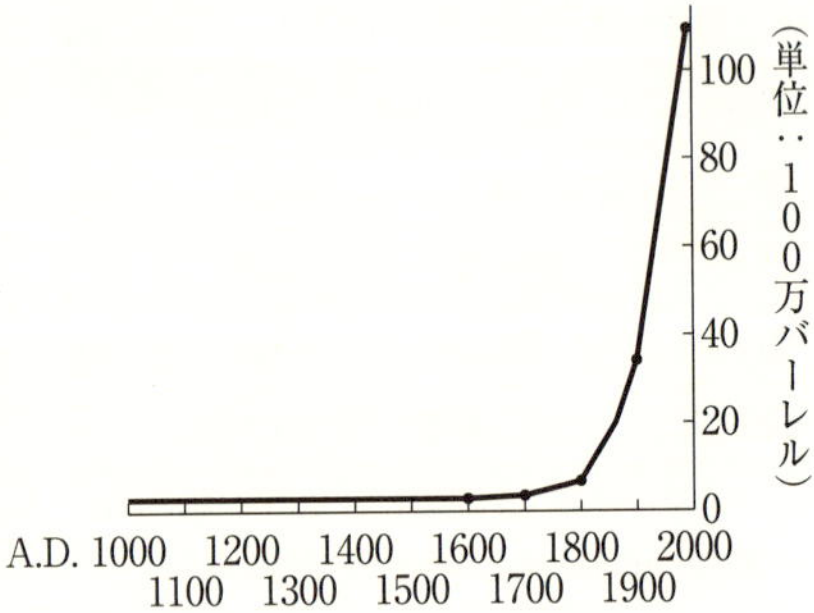

図2　世界のエネルギー消費量の変化

＊ 右目盛りの単位は石油換算して1日あたり（環境庁長官官房総務課編『地球環境キーワード事典』中央法規出版，1990年などから）

にしてみると、歴史はたしかに「加速度的」に進展してきた。だからこの三〇年間の、世代の意識の変化の「減速」あるいは「停止」、つまり歴史のある基本的な部分の、「減速」あるいは「停止」ということは、「歴史」というもののあり方自体の、ある変容を表示しているように見える。

だがそれにしても我々は、ここで奇妙な「矛盾」を見ている。冒頭我々は変化の「巨大」であることを示唆する挿話から出発してきた。けれども統計数字が示すのは、変化が「減速」し、ほとんど「停止」しているように見えるということである。変化が「巨大」であるという事実と、変化が「小さくなっている」という事実は、どのように統一的に把握することができるだろうか。

それは「現代」という時代を現実に構成している矛盾——二つの力の方向性（ベクトル）

の拮抗するダイナミズムを見ることをとおしてはじめて把握することができる。この「現代」という時代を決定している二つの方向線は、人間の歴史の全体の中で「現代」を定位してみる時にはじめて、明確に見えてくるものである。

2　生命曲線／歴史曲線。「現代」とはどういう時代か

一九七〇年代までの人びとの歴史意識は、というよりも「自明」のように前提されていた歴史感覚は、歴史というものが「加速度的」に進歩し発展するという感覚であった。この感覚には客観的な根拠があった。図2にみるような例えばエネルギー消費量の、加速度的な増大という事実に、それは裏付けされていた。けれども少し考えてみると、このような加速度的な進展が、永久に続くものでないことは明らかである。一九七〇年代ローマクラブの『成長の限界』以来すでに多くの推計が示しているとおり、人間はいくつもの基本的な環境資源を、今世紀前半の内に使い果たそうとしている。われわれのミレニアムは、二〇〇一年九月一一日世界貿易センタービルへの爆破テロによって開幕しているが、ハイ

ジャック犯によってビルに激突する数分前の航空機にわれわれの星は似ているのであって、どこかで方向を転換しなければ、このまま進展する限り破滅に至るだけである。

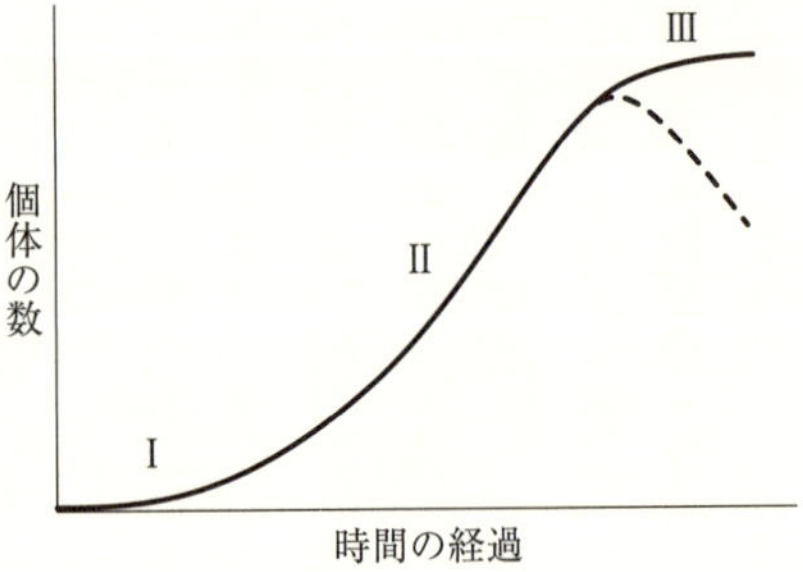

図3　ロジスティック曲線

Ⅰ：大増殖以前期
Ⅱ：大増殖期
Ⅲ：大増殖以後期（安定平衡期）

一定の環境条件の中に、たとえば孤立した森の空間に、この森の環境要件によく適合した動物種を新しく入れて放つと、初めは少しずつ増殖し、ある時期急速な、時に「爆発的」な増殖期を迎え、この森の環境容量の限界に接近すると、再び増殖を減速し、やがて停止して、安定平衡期に入る。

生物学者がロジスティック曲線と呼ぶS字型の曲線（図3の実線）である。これは成功した生物種であり、ある種の生物種は図3点線のように、繁栄の頂点の後、滅亡にいたる。これを「修正ロジスティック曲線」と呼ぶ生物学者もある。再生不可能な環境資源を過剰に消費してしまったおろかな生物種である。哺乳類などの大型動物はもっと複雑な経緯を

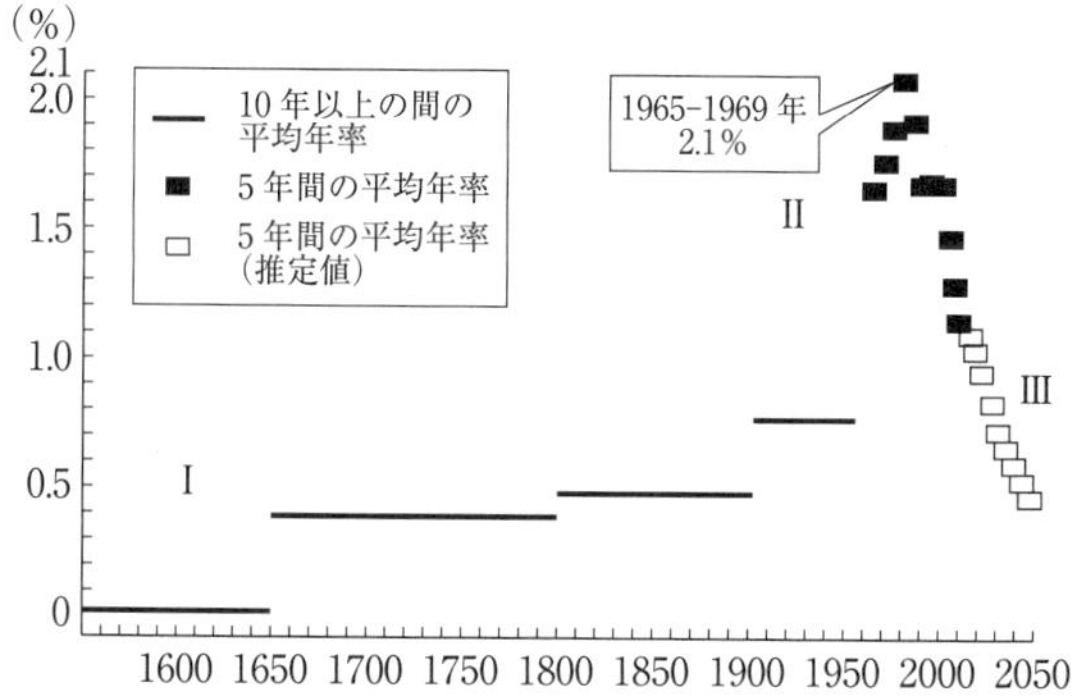

図 4　世界人口の増加年率

(U. S. Census Bureau, *International Data Base* (Data updated 4-26-2005)から作成)

辿るが、基本の原則を免れることはできない。地球という有限な環境下の人間という生物種もまた、このロジスティック曲線を免れることはできない。これは比喩でなく、現実の構造である。

一九六〇年代には地球の「人口爆発」が主要な問題であったけれども、前世紀末には反転して、ヨーロッパや日本のような「先進」産業諸国では「少子化」が深刻な問題となった。「南の国々」を含む世界全体は未だに人口爆発が止まらないというイメージが今日もあるが、実際に世界全体の人口増加率の数字を検証してみるとおどろくことに、一九七〇年を尖鋭な折り返し点として、それ以後は急速にかつ一貫して増殖率を低下している(図4)。つまり人類は理論よりも先にすでに現実に、

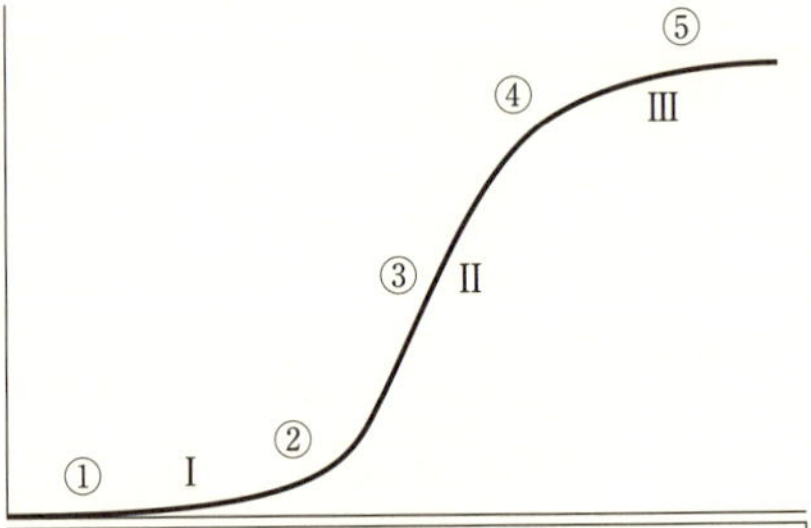

①：[I]　(定常期)原始社会
②：[I→II]　(過渡期)〈軸の時代〉I
③：[II]　(爆発期)文明／近代社会
④：[II→III]　(過渡期)〈軸の時代〉II(現代)
⑤：[III]　(定常期)未来社会

図5　人間の歴史の3つの局面
〈軸の時代〉I, II については，本章4節を参照

生命曲線の第II期から第III期への変曲点を、通過しつつある。この時点からふりかえってみると、「近代」という壮大な人類の爆発期はS字曲線の第II期という、一回限りの過渡的な「大増殖期」であったことがわかる。そして「現代」とはこの「近代」から、未来の安定平衡期に至る変曲ゾーンと見ることができる（図5）。

「現代社会」の種々の矛盾に満ちた現象は、後に見るように、「高度成長」をなお追求しつづける慣性の力線と、安定平衡期に軟着陸しようとする力線との、拮抗するダイナミズムの種々層として統一的に把握することができる。

前節われわれの見てきた矛盾、「巨大な転換があった」という事実と、「変化は減速し、小さくなっている」という事実との間の矛盾を、われわれはいまや解くことができる。われわれは変化の急速な「近代」という爆発期を後に、変化の小さい安定平衡期の時代に向かって、巨大な転回の局面を経験しつつある。この展開の経験が、「現代」という時代の本質である。

3　グローバル・システムの危機。あるいは球の幾何学
——情報化／消費化社会の臨界

二〇世紀の後半は図2に見るように「近代」という加速する高度成長期の最終の局面であった。この最終の局面の拍車の実質を支えていたのは〈情報化／消費化資本主義〉のメカニズムである。〈情報化／消費化資本主義〉のメカニズムの範型は、一九二七年の歴史的な「GMの勝利」であった。それ以前の古典時代の資本主義の、消費市場需要に対応する生産というシステムの王者フォードが、規格化された大量生産を通して低価格化された堅牢な「大衆車」の普及によって、自ら市場を飽和させてしまったことに対して、GMは発想を逆転し「自動車は見かけで売れる」という信条の下、「デザインと広告とクレジット」という情報化の諸技法によって車をファッション商品に変え、買い替え需要を開発すると

いう仕方によって市場を「無限化」してしまう。このように〈情報化／消費化資本主義〉とは、情報による消費の自己創出というシステムの発明によって、かつて「資本主義の矛盾」と呼ばれた恐慌の必然性を克服し、社会主義との競合に勝ちぬき、二〇世紀後半三〇年余の未曾有の物質的繁栄を実現したシステムであった。ＧＭはこの繁栄の全期間を通して、この〈情報化／消費化資本主義〉の範型でありつづけてきた。二〇〇八年このＧＭの突然の危機と暗転は、人間の少なくとも物質的な高度成長期の究極のシステムであるこの〈情報化／消費化資本主義〉の限界を露呈することとなった。〈情報化／消費化資本主義〉はなぜ人間の、少なくとも物質的な高度成長期の「究極の形態」であるといえるのか？　なぜそれは「限界」を露呈するのか？

見たように〈情報化／消費化資本主義〉とは「デザインと広告とクレジット」という情報化の力によって消費市場を自ら創り出すシステムであり、このことによって旧来の「資本主義の矛盾」をみごとに克服するシステムであった。それは消費の無限拡大と生産の無限拡大の空間を開く。けれどもこの「無限」に成長する生産＝消費のシステムはその生産の起点においても消費の末端においても、資源の無限の開発＝採取を前提とし環境廃棄物の無限の排出を帰結するシステムである。この資源／環境は現実に有限であるが、この新しい有限性もまたいったんはのりこえられる。資源を「域外」に調達し廃棄物を海洋や大気圏を含む「域外」に排出することをとおして、環境容量をもういちど無限化することができる。けれどもこのグローバルなシステムはそれがグローバルであるがゆえに、もういちど「最終的」な有限性を露呈する。

球はふしぎな幾何学である。無限であり、有限である。球面はどこまでいっても際限はないが、それでもひとつの「閉域」である。

グローバル・システムとは球のシステムということである。どこまで行っても障壁はないが、それでもひとつの閉域である。これもまた比喩でなく現実の論理である。二一世紀の今現実に起きていることの構造である。グローバル・システムとは、無限を追求することをとおして立証してしまった有限性である。それが最終的であるのは、共同体にも国家にも域外はあるが、地球に域外はないからである。

二〇〇八年「GM危機」は、直接にはサブプライム・ローン問題に端を発したグローバル・システムの崩壊の一環として現実化した。サブプライム・ローン問題とは、アメリカの都市の貧しい地域の住宅価格が上昇し続けるはずであるということ、地域の貧しい人びとがその住宅担保ローンの元利を支払い続けることができるはずであるということ、この仮定が確実な「現実」であるという小さな虚構を基底として、証券化に証券化を重ね、国際化に国際化を重ね、全地球的に強固な「現実」であるかのごとき相貌を獲得した巨大な虚構のシステムが、このアメリカの都市の地域の住宅需給の物体的な飽和と、人びとの生計収支の限界的な配分という生々しい現実との矛盾を破綻点として、一挙に崩壊したものである。

情報化に情報化を重ねることによって構築される虚構の「無限性」が、現実の「有限性」との接点を破綻点として一気に解体するという構図をここにも見ることができる。

二〇〇八年のグローバル・システムの危機を一九二九年恐慌の反復とみて「百年に一度の危機」を説くのは、二〇世紀型の成長経済がやがて再開して永続するはずであるという思考の慣性を基礎としている。資本主義は自己をコントロールする技術を格段に獲得したから、それは二九年の恐慌ほどには悲惨な光景を生まないだろうが、ほんとうはもっと大きな目盛の歴史の転換の開始を告げる年として、後世は記憶するだろう。

4　世界の無限／世界の有限。軸の時代Ⅰ／軸の時代Ⅱ

種の生命曲線(図3)の第Ⅱ期にある動物種にとって、たとえば森は、「無限」の環境容量として現象し、旺盛な増殖のための「征服」の対象である。種の生命曲線の第Ⅲ期にある動物種にとって、森は「有限」の環境容量として立ち現われ、安定した生を永続するための「共生」の対象として存在する。

「近代」という高度成長期の人間にとって自然は、「無限」の環境容量として現象し、開発と発展のための「征服」の対象であった。「近代」の高度成長の成功の後の局面の人間にとって自然は、「有限」の環境容量として立ち現われ、安定した生存の持続のための「共生」の対象である。

かつて交易と都市と貨幣のシステムという、「近代」に至る文明の始動期に、この新しい社会のシステムは、人びとの生と思考を、共同体という閉域から解き放ち、世界の「無限性」という真実の前に立たせた。カール・ヤスパースが「軸の時代」と名付けたこの文明の始動期の巨大な思想たち、古代ギリシャの哲学とヘブライズムと仏教と中国の諸子百家とは、世界の「無限」という真実への新鮮な畏怖と苦悩と驚きに貫かれながら、新しい時代の思想とシステムを構築してきた。この交易と都市と貨幣のシステムの普遍化である「近代」はその高度成長の極限の形態である〈情報による消費の無限創出〉と世界の一体化自体を通して、球表の新しい閉域性を、人間の生きる世界の有限性を再び露呈してしまう。

かつて「文明」の始動の時に世界の「無限」という真実に戦慄した人間は今、この歴史の高度成長の成就の時に、もういちど世界の「有限」という真実の前に戦慄する。

宇宙は無限かもしれないけれども、人間が生きることのできる空間も時間も有限である。「軸の時代」の大胆な思考の冒険者たちが、世界の「無限」という真実にたじろぐことなく立ち向かって次の局面の思想とシステムを構築していったことと同じに、今人間はもういちど世界の「有限」という真実にたじろぐことなく立ち向かい、新しい局面を生きる思想とシステムを構築してゆかねばならない。

現代というもう一つの歴史の巨大な曲がり角、危機の時代を、もう一つの巨大な思想とシステムの創造の時代、新しい〈軸の時代〉に転化することをとおして、のりこえてゆかねばならない。

5　高原の見晴らしを切り開くこと

近代に至る文明の成果の高みを保持したままで、高度に産業化された諸社会は、これ以上の物質的な「成長」を不要なものとして完了し、永続する幸福な安定平衡の高原（プラトー）として、近代の後の見晴らしを切り開くこと。

近代の思考の慣性の内にある人たちにとっては、成長の完了した後の世界は、停滞した、魅力の少ない世界のように感覚されるかもしれない。

けれども経済競争の強迫から解放された人類は、アートと文学と思想と科学の限りなく自由な創造と、友情と愛と子どもたちとの交歓と自然との交感の限りなく豊饒な感動とを、追求し、展開し、享受しつづけるだろう。

幾千年の民衆が希求してきた幸福の究極の像としての「天国」や「極楽」は、未来のための現在ではなく、永続する現在の享受であった。天国に経済成長はない。「天国」や

「極楽」という幻想が実現することはない。天国や極楽という幻想に仮託して人びとの無意識が希求してきた、永続する現在の生の輝きを享受するという高原が、実現する。

けれどもそれは、生産と分配と流通と消費の新しい安定平衡的なシステムの確立と、個人と個人、集団と集団、社会と社会、人間と自然の間の、自由に交響し互酬する関係の重層する世界の展開と、そして何よりも、存在するものの輝きと存在することの至福を感受する力の解放という、幾層もの現実的な課題の克服をわれわれに要求している。

この新しい戦慄と畏怖と苦悩と歓喜に充ちた困難な過渡期の転回を共に生きる経験が「現代」である。

一章　脱高度成長期の精神変容

——近代の矛盾の「解凍」——

1　脱高度成長期の精神変容。データと方法

経済高度成長の完了した局面の、時代の方向を知るための手掛りとして、ここではこの期間の日本人の〈心の変化〉を測定する基本的なデータを見よう。

日本人の〈心の変化〉を正確に知るためには、統計学的に信頼のできる規模と方法論とをもって、同じ調査が数十年というスパンでくり返し行われる必要があるが、当然このような規模と正確さをもって長期的に実行される調査は貴重なものである。ほとんど唯一、このような規模と正確さをもって反復される調査として、序章でも「世代の星座が接近する」という項目で少しふれてきたＮＨＫ放送文化研究所の「日本人の意識」調査がある。この調査は前述のように、一九七三年以来五年毎に行われてきた。偶然だけれども、一九七三年は「第一次石油危機」によって、日本経済の高度成長が、最初の屈折点を迎えた年である。

新しい局面における変化を、できるだけ大きく長期的なスパンでとらえるために、ここでは次のような方法で、組織的な分析を行ってみた。まず、この研究の行われた年(二〇一七年)現在発表されていた最新回の調査(二〇一三年調査)における、二〇―二九歳の青年層の意識をみる。この時点で二〇歳代の青年は、ほぼ一九八〇年代の生まれであり、一九八九年の「バブル崩壊」以後の歴史上最初の世代と考えられる。これを一番古い調査である一九七三年調査の、同じ二〇歳代の青年の意識と比較して、全く機械的に変化の大きい(%の差の大きい)項目を見ることによって、どのようなイシュー(論点)について、この四〇年間の変化が大きかったかを見る。(最新回の青年層を、最初回の高年齢層(たとえば六〇代)と比較すれば、もっと大きいスパンで変化がみられるかもしれないけれども、こうすると「年齢」の相違が混じってしまうので、純粋に「世代」の変化とみることができなくなってしまう。)

二つの時代の青年層の意識の差が大きかった項目から順に三〇を示したものが、表3である。

以下この調査結果を手がかりとして、脱高度成長期の日本人の精神の変容の方向につい

増大の最も大きい回答選択肢 30

回答	1973 (%)	2013 (%)	2013－1973 (増加%)
乙に賛成《するのは当然》：夫婦は互いにたすけ合うべきものだから，夫が台所の手伝いや子供のおもりをするのは当然だ	57	95	38
そう思う	53	89	37
《家庭内協力》：父親はなにかと家庭のことにも気をつかい，母親も暖かい家庭づくりに専念している	23	58	36
日本の経済を発展させる《経済の発展》	9	44	35
深く愛し合っている男女なら，性的まじわりがあってもよい《愛情で可》	35	69	33
大学まで	25	57	33
結婚して子供が生まれても，できるだけ職業をもち続けたほうがよい《両立》	21	51	30
そう思う	28	56	28
そう思う	60	87	26
特に何もしなかった《なし》	60	83	23
あまり波風を立てずに解決されることが望ましいから，しばらく事態を見守る《静観》	18	38	20
問題が起きたときは，支持する政治家に働きかけて，自分たちの意見を政治に反映させる《依頼》	11	31	20
教養があり，心が豊かな人間《教養型》	38	57	19
少しは影響を及ぼしている《やや弱い》	38	56	18
お守りやお札などの力《お守り・お札の力》	9	26	17
この地域の有力者，議員や役所に頼んで，解決をはかってもらう《依頼》	30	47	17
この1，2年の間に，おみくじを引いたり，易や占いをしてもらったことがある《おみくじ・占い》	30	46	17
年に1，2回程度は墓参りをしている《墓参り》	46	63	17
あの世，来世《あの世》	5	21	17
そう思う	61	77	16
好きなことをして楽しむ《好きなこと》	31	47	16
特に支持している政党はない	43	59	16
満足している《満足》	14	28	15
会ったときに，挨拶する程度のつきあい《形式的つきあい》	17	31	14
少しは影響を及ぼしている《やや弱い》	53	67	14
できたばかりの会社で，労働条件は次第によくなっていくと思うから，しばらく事態を見守る《静観》	34	47	14
身近な人たちと，なごやかな毎日を送る《愛志向》	31	44	13
失業の心配がない仕事《失業》	7	20	13
仕事にも余暇にも，同じくらい力を入れる《仕事・余暇両立》	31	44	13
より多く人生の経験を積んだ者として，忠告や助言を与える《忠告》	36	49	13

回答なし等，削除した 223 項目

表3　40年間の青年層の意識の

順位	設問／回答	設問
1	夫の家事・育児参加：当然	第13問 権威・平等(男女)
2	生活満足度[社会生活　物質面]：満足	第3問C 生活の各側面についての満足感(地域の環境)
3	理想の家庭像：父親も母親も家庭中心	第8問 理想の家庭
4	政治課題：日本経済の発展	第40問 政治課題
5	婚前交渉：深く愛し合っていれば可	第29問 婚前交渉について
6	女子の教育：大学まで	第25問 男女のあり方(女子の教育)
7	女性にとっての家庭と職業：子供が生まれても両立が理想	第12問 男女のあり方(家庭と職業)
8	日本は一流国か：そう思う	第34問B ナショナリズム(日本は一流国だ)
9	生活満足度[個人生活　物質面]：満足	第3問A 生活の各側面についての満足感(衣食住)
10	政治活動：特に何もしなかった	第44問9 政治活動(MA)
11	地域の問題：波風を立てぬよう静観	第33問 結社・闘争性(地域)
12	政治の問題：支持する政治家に依頼	第41問 結社・闘争性(政治)
13	理想の人間像：教養があり心が豊か	第26問 理想の人間像
14	選挙の有効性：少しは有効	第37問 政治的有効性感覚(選挙)
15	お守りやお札などの力：信じる	第28問6 信仰・信心(MA)
16	地域の問題：議員や役所などに頼む	第33問 結社・闘争性(地域)
17	この1,2年内におみくじや占いをした	第27問7 宗教的行動(MA)
18	年に1,2回程度墓参りをする	第27問3 宗教的行動(MA)
19	あの世，来世を信じる	第28問4 信仰・信心(MA)
20	生活満足度[個人生活　精神面]：満足	第3問D 生活の各側面についての満足感(人間関係)
21	将来の余暇の過ごし方：好きなことをして楽しむ	第21問 余暇の過ごし方(将来)
22	支持政党：特に支持している政党なし	第42問 支持政党
23	生活満足度[全体的]：満足	第4問 生活全体についての満足感
24	近隣関係：会った時挨拶をする程度	第31問 人間関係(近隣)
25	デモ等の有効性：少しは有効	第38問 政治的有効性感覚(デモなど)
26	職場の問題：次第によくなると思うから静観	第18問 結社・闘争性(職場)
27	生活目標：身近な人たちと，なごやかな毎日を送る	第6問 生活目標
28	理想の仕事：失業の心配がない仕事	第19問 1番目 理想の仕事(1番目)
29	仕事と余暇：仕事にも余暇にも，同じくらい力を入れる	第22問 仕事と余暇
30	父親のあり方：人生経験積んだ者として忠告や助言を与える	第14問 父親のあり方

1973年から実施している設問のうち，わからない，無回答，どちらでもない，その他，
(支持政党の設問では，73年から存在していない政党は削除)

て、考察を加えてみよう。

2 「近代家族」のシステム解体

四〇年間の青年の精神の変化の大きい項目を示した表3において、もっともめざましい変化を示している領域は、「近代家父長制家族」のシステムとこれを支えるジェンダー関係の意識の解体、というべき領域である。

「近代家父長制家族」とは、日本において典型的には、「高度成長期」の主体的な推進力であった「モーレツ社員」「企業戦士」を影で支えてきたような、「夫は仕事に力を注ぎ、妻は任された家庭を守る」という、性別役割分担型の家族である。

「理想の家庭像」をめぐる青年の意識は、四〇年間に表4のように変化している。七三年の青年層にとって「性別役割分担」的な家族が40％の支持を集めて、最も「理想的な」家庭像であったのに対し、二〇一三年にはこの理想は7％にまで激減し、夫も妻も家庭中心に気を注ぐ「家庭内協力」家族が60％近い支持を集める、家庭の理想像となっている。

表4　理想の家庭像(%)

	73年	13年
1 父親は一家の主人としての威厳をもち，母親は父親をもりたてて，心から尽くしている〈夫唱婦随〉	18	5
2 父親も母親も，自分の仕事や趣味をもっていて，それぞれ熱心に打ち込んでいる〈夫婦自立〉	17	29
3 父親は仕事に力を注ぎ，母親は任された家庭をしっかりと守っている〈性別役割分担〉	40	7
4 父親はなにかと家庭のことにも気をつかい，母親も暖かい家庭づくりに専念している〈家庭内協力〉	23	58

（七三年の「性別役割分担型」は男性41％、女性39％、二〇〇三年の「家庭内協力型」は男性56％、女性62％で、共に男女差は意外に少ないということも注目される。「世代」の規定力が圧倒的である。）

「夫は仕事に、妻は家庭に」というこの性別役割分担型の家族システムにおいては、基本的には家事・育児は妻の分担領域であるとされ、少なくとも子供の出生後は家庭に専念することが好ましいとされ、したがって生涯的な仕事の能力の修得としての高等専門教育は男子にのみ必須とされ、家族の名称(姓)は、対社会的に家族を「代表」する夫の姓とすることが「当然」である、とするような、一連の感覚系とモラルを形成し、またこのような感覚系とモラルによって再生産される。

四〇年間に変化の大きかった項目のリストはこのような「近代家父長制家族」のシステムと連動するメンタリティーの、解体をいっせいに指し示している(表5、表6、表7、表8)。

表5 夫の家事・育児参加(%)

	73年	13年
1 甲に賛成〈すべきでない〉	33	4
2 乙に賛成〈するのは当然〉	57	95

表6 女性にとっての「職業と家庭」(%)

	73年	13年
1 結婚したら，家庭を守ることに専念したほうがよい〈家庭専念〉	32	9
2 結婚しても子どもができるまでは，職業をもっていたほうがよい〈育児優先〉	44	39
3 結婚して子どもが生まれても，できるだけ職業をもち続けたほうがよい〈両立〉	21	51

表7 「子どもを大学まで行かせたい」(%)

	73年	13年
1 男の子の場合	72	65
2 女の子の場合	26	58

(「大学まで」＋「大学院まで」の合計)

表8 結婚後の姓(%)

	73年	13年
1 当然，夫の姓	39	23
2 現状では，夫の姓	28	23
3 どちらが改めてもよい	29	41
4 別姓でよい	3	13

表 9　結婚前の性(%)

	73 年	13 年
1 結婚式がすむまでは，性的まじわりをすべきでない	34	4
2 結婚の約束をした間柄なら，あってもよい	21	16
3 深く愛し合っている男女なら，あってもよい	35	69
4 性的まじわりをもつのに，結婚とか愛とかは関係ない	6	10

このような「近代家父長制家族」システムとメンタリティーは、日本に固有のものではなく、(もちろん文化や社会による違いはあるが、)二〇世紀初頭フロイトの精神分析理論においても、「仕事をする強い父親」を中心とする家庭像が一般理論の前提となっており、アメリカにおける国民的漫画『ブロンディ』さえ専業主婦である。夫ダグウッドはあまり強そうにも見えないが、それでも一家の生計を支え、美女の貞節を確保し、強そうな隣人ともよく戦った。

このように「近代家父長制家族」システムは「近代家族」一般の歴史的な標準形であった。

一九七三年の日本の青年たちにとって、性関係は、「結婚」(あるいは「婚約」)を前提とすることはほぼ「常識」であったが(55%)わずか四〇年の内にこの「常識」はほとんど解体してしまった(特に結婚前提は4%)(表9)。

性のモラルの分野におけるこの劇的な解体は、この節で主要に見てきた、「近代家族」のシステム解体ということとは、べつべつの現象であるように見えるが、この二つの領域における解体が、連動するものであることを、後の理論的な考察の中で、見てゆくことになるだろう。

3　経済成長課題の完了。「保守化」

四〇年間の青年層の精神の変化を全体として見る表3において、「近代家父長制家族」の解体ということにつづいて注目される変化は、「生活満足度の増大」ということである。「日本人の価値意識」調査では生活満足度について、「個人生活物質面」「個人生活精神面」「社会生活物質面」「社会生活精神面」の四つの分野それぞれについて質問すると共に、「全体としての満足度」を質問している。「全体としての満足度」を先に見ると、一九七三年14%→二〇一三年28%と大きく増大している。ことに「個人生活物質面」60→87%、「社会生活物質面」53→89%と、物質面における「満足」が大きく増大していて（共に90%

近く)、物質的な「経済成長」の基本的な課題は、すでにほぼ達成されているということを示している。

一方で「政治課題」として、なお「経済の成長」をあげる人も増大しているが、これは基準年の一九七三年、「神武景気」「岩戸景気」「いざなぎ景気」とつづいた長期大好況期の直後の飽和感の中で、この要求が極端に少なかった(9%)年なので、この年との比較において、その後の年はすべて大きいということである。(二〇一三年44%。)

この「満足度の増大」ということと関連して見られることは、青年たちの「結社・闘争性」の減少ということである。大きい政治問題でも地域でも現場でも、青年が「激しく戦う」ことをしなくなったということである。(「政治活動無」60→83%、「地域の問題静観」18→38%、「政治の問題依頼」11→31%、「地域の問題依頼」30→47%、「デモの有効性やや弱い」53→67%、「職場の問題静観」34→47%。)要するに、政治問題でも、職場でも地域でも「激しく闘う」ということをしなくなったということである。

青年層の著しい「保守化」といわれる現象の背景もこのことにあるとみられる。

保守政権に対して、それほど強く積極的な魅力を感じているわけでは決してないが、これに対抗する勢力が、明確な説得力のある対抗軸を見出すことができずに混迷している状況の根底は大きくいえば、物質的な生活条件の獲得を根幹とする二〇世紀的な「左翼」「革新」の要求が、青年たちの大半にとって、真に切実に心にひびくものではなくなっている、ということにあると思われる。

同時に青年層の大半が、支持したい政党もなく、選挙の有効性を信じず、政治的な活動は「何もしていない」という事実は、社会の深部からの構造的変容の中で、現在ある政治の装置と方式の、深い「失効」を示唆してもいる。

4　魔術の再生。近代合理主義の外部に向かう触手たち

表3を見ると、「近代家族」システムを支える価値観とモラルと感覚の解体と、生活満足感の増大、「結社・闘争性」の鎮静を示す大きい二つの回答群の他に、もう一群の、一見「奇妙」ともみえる回答群がある（「あの世、来世を信じる」5→21％、「おみくじや占いをした」30→46％、「お守り、お札を信じる」9→26％、「奇跡を信じる」15→26％）（表

10）。

広く知られているようにマックス・ウェーバーは近代社会の基本的な特質を、生のあらゆる領域における〈合理化〉の貫徹であるととらえ、これを〈魔術からの解放〉、脱魔術化と呼んだ。

今現代の日本で進行している、魔術的なるものの再生、あるいは脱・脱魔術化とも言うべきことは、この〈合理化〉という方向が、ウェーバーの予測しなかったある「変曲点」を迎えているということである。

表10　信じているもの(%)

	73年	13年
1 あの世，来世	5	21
2 奇跡	15	26
3 お守りやお札などの力	9	26
4 易や占い	8	11

これらの信や行動がこのまま長期的に増大しつづけるものかどうかは分からないが（たとえば「奇跡を信じる」は二〇〇八年に36%と大きく増大した後で、いくらか減少している）、それは少なくとも近代合理主義の示す世界像の絶対性のゆらぎを示すものであるように思える。近代合理主義の描く世界の外部には何もないのだよと語る思考に対して、何かがあるという予感のもとの手さぐりする試行錯誤のさま

ざまな触手たちであると。*

＊〈魔術的なもの〉については、見田「〈魔のない世界〉——近代社会の比較社会学」（『社会学入門』岩波新書、二〇〇六）

5　〈自由〉〈平等〉対〈合理性〉。合理化圧力の解除、あるいは減圧

一九七〇年代から二〇一〇年代までの青年たちの精神の変化つまり、脱高度成長期に人間を形成した世代の精神を、かつて高度成長期を担った世代の精神と比較することをとおして、わたしたちは、三つの分野での大きい変化を見出してきた。第一に、男女の性別役割分担（男は仕事、女は家庭）を基本とする「近代家父長制家族」の解体。第二に「生活満足度」とくに物質面における満足度の増大と、関連して、「結社闘争性」の鎮静、あるいは「保守化」。第三に、〈魔術的なるもの〉の再生、あるいは、合理主義的な世界像のゆらぎ。

これら三つの全く異なった分野における変化は、たがいにどのような関係にあるのだろ

うか。それとも偶然に同じ時代に進行した、無関係の三つの変化だろうか。

ここで第一の最も大きい変化「近代家父長制家族」の解体にもう一度立ち返ってみて、それがどうしてこの時代に起こったのかを考えてみよう。「近代家父長制家族」は、なぜ解体したのか、それはもちろん、それが男女の平等に反し、自由を制約するものであるからである。あるいはそのように感じられはじめたからである。けれども日本は一九四五年の敗戦と、それにひきつづく「戦後改革」の時期にすでに自由と平等を理念とする社会として、出発したのではなかっただろうか。にもかかわらず、戦後復興とそれにつづいた長期の経済高度成長の全時代をとおして、この型の家族は主流であり続けてきた。一九七三年になお、この型の家族は青年の最大の理想であった(表4)。

ちなみに2節でみたように、フロイトの一般理論、アメリカの国民的漫画が示しているように、この型の家族は日本だけでなく、ヨーロッパ、アメリカを含む古典期近代社会一般の基底を構成する細胞であった。

幾何学の方法論では、一見無関係に見える補助線を適切に一本引くことによって、図形の本質が見えてくることがある。ここでは一つの補助線として、アメリカの軍隊を考えてみよう。
アメリカ社会は、建国以来、自由と平等という理念を高く掲げ広く共有されている社会であった。けれども軍隊においては、規律と命令系統とが生命であり、そこでは自由も平等も、理念として信じられてはいるが、現実の実行原則としては当然「封印」されざるを得ない。

「封建的」ということばは、自由と平等の正反対を示す言葉としてよく使われる。封建社会は、なぜ「封建的」であったのか。日本でいえば源平から「戦国時代」を典型として「士農工商」に至るまで封建時代とは、武士の支配した時代である。武士とは戦う集団である。戦う集団の緊迫の中で、規律と命令系統は生命であり、自由も平等もそこでは抑圧されざるを得ない。自由と平等の抑圧の代名詞とされる「封建的」なモラルとは、戦う集団の戦闘合理性から生まれたものである。

マックス・ウェーバーが正しく言うように、生のすみずみの領域までもの「合理化」、生産主義的、手段主義的な合理化(「目的合理性」)ということが近代社会の原理であるのは、近代社会が個人と個人、集団と集団、人間と自然との相克性(戦い)をその原理とする社会であるからである。

たとえば受験生は受験戦争に勝つために現在の生きる時間を、未来の目的のための「手段」と考えて、生活のすみずみまでも合理化し、自分で自分の自由を抑圧することがある。戦争が終結すれば、この「合理化圧力」は解除され、自由に〈現在〉の生を楽しむこともできる。これは近代から脱近代に至る歴史の局面の、分かりやすい理論モデルである。

同型のことは、個人、集団、社会のさまざまの水準で起こる。企業間の自由な競争がはげしくなれば、企業は競争に生き残るために、企業内部を「合理化」し、規制を強化し、人員を削減し、労働を強化し、個々の社員の自由は抑圧される。「競争」と「合理化」を中間項とする、自由の反転。

戦後復興期から高度成長期をとおして、日本の家族は戦う集団であった。戦後日本の若い新しい家族たちは「茶ブ台代わりのみかん箱一つ」の生活から出発して、炊飯器を手に入れ、冷蔵庫を手に入れ、テレビを手に入れ、部屋を手に入れ、自動車を手に入れるために闘い続けてきた。高度経済成長期の「モーレツ社員」「企業戦士」たちを支えたのはこの家族だった。女たちは男たちの戦いの後顧の憂いなきよう、人間と生活の再生産（家事と育児)を引き受け、愛情一本チオビタ・ドリンクなどを飲ませて、夫を毎朝戦場に送り出してきた。炊飯器を手に入れ、冷蔵庫を手に入れ、クーラーを手に入れ、部屋を手に入れ、自動車を手に入れた現在、経済成長課題はすでに達成され、生活の物質面はすでに充ちたりてみれば、これまでの服従と役割分担は、考えてみれば何の根拠もないものとなる。「近代家父長制家族」とは、夫の経済力に対する妻の全面的、生涯的な信頼と依存、妻の生活処理能力に対する夫の全面的、生涯的な信頼と依存を前提とするシステムであり、強力にモノガミー的(一夫一婦制的)なモラルを形成し、またこのモノガミー的なモラルに支えられて初めて充全に生きられる。

この人生の根幹の安定をおびやかす恐れのある婚姻外的な性関係は、不吉なもの、許しえないもの=反倫理として感覚される。生涯的な相互依存と相互拘束のモノガミー制の関係の絶対性が解体すれば、婚姻前提の生産主義的な性のモラルも絶対性を失うこととなる。「近代家父長制家族」の本質は、人間の生の全領域の生産主義的な手段化(instrumental-ism)、という仕方での合理化の貫徹であった。それはリビドーの生産主義的な管理経済システムとして、productive な性、未来に責任をもって育成する体勢(=婚姻)によって担保されている性のみを許容する。一見無関係であるように見える、近代家父長制的な家庭の理想像の解体と、婚姻主義的な性のモラルの解体が連動するのはこのためである。

　生存の物質的な基本条件の確保のための戦いの強いる、生産主義的、未来主義的な〈合理化〉の圧力による、男女の平等の封印も性の自由の封印も、この戦いの勝利と共にその根拠を失って失効し、平等を求める女性たちの声、自由を求める青年たちの声の前に、「近代家父長制家族」のシステムとこれを支えるモラルと感覚の総体は、音を立てての崩壊を開始する他はない。

　四〇年間の青年たちの精神の変化を追跡してきた調査が見出した三つの大きな分野における変化。――①「近代家族」のシステム解体と、関連して婚姻主義的な性のモラルの解体、②「生活満足感」の増大と、「保守化」、③〈魔術的なるもの〉の再生、は、一見たがいに無関係のもののように見えるが、この節で見てきたように、経済成長課題の完了、これによる合理化圧力の解除、あるいは減圧、ということによって、一貫した理論スキームの中で、明晰に全体統合的に把握することができる。

6　近代の理念と原則の矛盾。封印と「解凍」。高原展望

四〇年間の青年たちの精神変容についての実証的なデータに密着しながら、前節で深めてきた理論的な考察を、この節ではいっそう大きい歴史的な視界の中で、徹底した原理論的な水準において、再確認しておきたいと思う。

くりかえし確認してきたように、近代の根本理念は〈自由〉と〈平等〉ということであった。他方確認してきたように、近代の現実原則は〈合理化〉ということであった。社会のすみずみ、生のすみずみの領域までもの、生産主義的、未来主義的、手段主義的な合理性の浸透ということであった。手段主義的とは、現在の生を、それ自体として楽しむのではなく、未来にある「目的」のための手段として考える、ということである。「レクリエーション（再創造）」という言い方がよく示しているように、現在の生をそれ自体として楽しむべき活動さえも、将来の労働のためのエネルギーの補充（再創成）のようなものとして正当化されてはじめて安心して楽しまれるという倒錯が、日常の生の自明の感覚となる。この感覚

が、社会と集団と個人のあらゆる水準のシステムにしみわたりつくすのが近代である。あるいは成熟しつくした近代の典型像である。

「近代家族」の歴史的に一般的な標準型であった近代家父長制家族が、このような近代の現実原則による、近代の理念＝自由と平等の「封印」ということを、現実の社会の基底において実行する装置であったということを前節において見てきた。

近代とは序章でみてきたように、人間という種の歴史の第Ⅱ局面、爆発的な増殖という局面の最終ステージであった。第Ⅱ局面の二千数百年をとおして、人間は自然を征服し、互いに他を征服して、生存の物質的な基本条件を獲得してきた。全地表にひろがりつくした増殖の果てに、高度産業社会とよばれる人類の一定部分は、この生存の物質的な基本条件の獲得という目的を、真に切実な課題としてはほぼ達成し、生産主義的、未来主義的、手段主義的な「合理性」への圧力の一挙の減圧という局面を、史上初めて迎えることになる。この圧力によって要請されてきたさまざまの価値観とイデオロギーとシステムと人間観とモラルと感覚が、一つまた一つ、解体を開始してゆくことを、わたしたちは、これから見てゆくことになるだろう。

それは「近代」の基本原則が、生産主義的、未来主義的、手段主義的な〈合理化〉の、生のすみずみの領域までもの浸透という原則が、根拠を失って失効するということであるから、わたしたちはこの新しい高原の局面を、近代の後の時代、と見ることができる。けれどもそれは、「近代」の根本理念が、この合理化の圧力による〈封印〉を解凍されるということであるから、それは「近代」の初心の理念が、自由と平等が、初めて現実の社会において、実現する道を開かれる局面でもある。

補1　合理性、非合理性、メタ合理性

「魔術の再生。近代合理主義の外部に向かう触手たち」ということについては、短い補注を付すべきと思う。

魔術の再生、近代合理主義の外部へということは、近代合理主義の終わりの後に、前近代的な非合理主義の時代に逆戻りするということではない。

生においては、スポーツの「ここだ！」という瞬間とか、恋愛や友情の核心的な部分の

ように、あえて合理を破砕して、反射や衝動や情念の効用に身をゆだねることが正しいこともある。午後の時間の停止する陽射しを浴びる空間のように、あえて静かな恍惚に身をゆだねることが正しいこともある。このように合理性の限界を知る合理性こそを真の合理性として、〈メタ合理性〉とよぶことができる。

泉鏡花の美しく魔的な文学世界とその生涯を評して親友の柳田国男は「あれはあれ、これは是、そうもあろうが、斯うも思うと、二つを生き分けて何の屈託もなく、……」と絶賛したことがあるが、柳田国男自身の仕事と生についても同じことが言えると思う。このように、合理と非合理を自在に往還する精神＝〈メタ合理性〉の水準こそが、近代合理主義の後の時代の、精神の骨格を形成するものと考えることができる。

意識調査に表れて来る「奇跡」とか「あの世」に対する信が、そのままこのような〈メタ合理性〉の精神であるわけではないが、それは本文に記したとおり、少なくとも、近代合理主義的な世界像の絶対性のゆらぎと、その「外部」への予感にみちた、手さぐりの試行錯誤の触手たちであるとみることができる。

補2　生活スタイル、ファッション、消費行動
——「選ばれた者」から「選ぶ者」へ

一章では、高度経済成長期から脱高度成長期に至る青年たちの精神の変化について、確実な統計的なデータを基礎に、その骨格を確認してきた。ここではこれとは対照的に、生き生きとした現場の観測者からの報告という「質的」なデータによって、これを補充しておきたいと思う。

高度成長期から脱高度成長期に至る時代の青年たちの精神の変化についての、アクチュアルな現場からの報告として最適なのは、三浦展による観測である。知られているように三浦は高度経済成長の「頂点」である「八〇年代」の、リッチで華麗なる消費文化を主導した西武資本ＰＡＲＣＯの『アクロス』誌編集長としてこの時代の若者たちの新しい動向を定点観測し、発信してきた。九〇年ＰＡＲＣＯ退社、バブル崩壊後も、引きつづき鋭敏な現場感覚と情報収集能力をもって、日本の若者たちの「空気」の変化を観測し、発信し

つづけてきた。

三浦の主要な関心は若者たちの生活スタイル、ファッション、消費行動にあり、これらの分野は、あの包括的なNHK意識調査のカバーしていない数少ない領域であるので、この点でも三浦の観測は、一章本論のデータを補充するものと言える。

高度成長終結以後の時代の三浦の観測の集結というべき二〇〇九年『シンプル族の反乱』（KKベストセラーズ）と二〇一六年『毎日同じ服を着るのがおしゃれな時代』（光文社新書）では、高度成長頂点期の青年像とは、対極的な青年像の出現が報告されている。

これらの著書でくりかえし報告されているキー・コンセプトは、シンプル化、ナチュラル化、素朴化、ボーダレス化、シェア化、脱商品化、脱市場経済化ということである。

以下、この二著の項目見出しやキー・ワードのいくつかである。

シンプルな衣食住を提案する店、シンプルな暮らしを提案する雑誌が売れている。お金があっても質素に暮らすことがかっこいいと思われる。物をあまり消費しない。ためない。物をあまり買わない。借りた物、もらった物、拾った物などで済ませることも多い。使わない物をため込むのはもったいないと考える。好きな物だけ部屋に置き、あとは物を買わない、もらわないようにしている。共有で済む物は共有する。手仕事を重んじる。自分で手仕事をしたり、物を手作りしたりすることを好む。既製品を買うだけより、自分で手を加えたい、改造したい、自分が関与したいと思う。基本的な生活を愛する。暮らしの基本である衣食住をおろそかにしない。電気製品、冷凍食品など便利な物に依存せず、昔ながらの方法で生活し、大事に物の手入れをする。消費者を集めてどんな商品が欲しいかとインタビューすれば、余計なデザインをするな、余計な色を付けるな、余計な機能を付けるな、ゴテゴテさせるな、何もしなくてもいい、普通がいいという声ばかりが聞こえてくる。自動車離れが進んでいる。自転車の人気が上昇。団塊ジュニアは上流ほどシンプル志向。日本でも増えるカルチュラル・クリエイティブス＝シンプル族。大衆消費社会化が終わり、シンプルライフ志向が拡大。経済発展を望む人が激減。シンプル族は「進歩(モダン)の終わり」の人間像。シンプル族の生活原理。1物をあまり消費しない。ためない。3基本的な生活を愛する。シンプル族の志向性。1エコ志向。2ナチュラル志向。3レトロ志向・和志向。4オムニボア志向。5ソーシャル・キャピタル志向。シンプル族の実態。①無駄が嫌い／②自然なものが好き／③生活の細部までこだわる／⑤自分で物や料理を作るのが好き／⑨いろいろな人と出会いたいと思っている／⑬「人」につながっているモノに価値を感じる／⑮自分にとって〝過不足ない〟、〝ちょっと不足〟な暮らしが快適／⑯自分が見える範囲でシンプルに暮らしたい／⑰賢くよい物をもらう。「ボボス」＊との類似性。1生活必需品にだけ金を使う。3モダンな物、新しい物よりも古い物、貧しい物を好む。4貧富の差を逆転する。5消費者ではなくキュレーター。『天然生活』が人気。ファッションはいたってカジュアル。天然の物が好き。バッグも紙袋でいい？自然食品志向が強い。自然素材を好む。ヴィンテージ・マンションをリノベーションしたい。経済効率主義にない遊び心のあるデザイン。長く使っても飽きない価値。人とのつながりを重視。子育ての観点からコーポラティブハウスを選ぶ。コミュニティの価値を重視。永続、安定したものを希望する。家具も中古が好き。住むなら古い町が好き。異文化への関心。ボランティアツアーにひかれる若者。地方と農業の新しいイメージ。シンプル族は中流の質的変化。シンプル族がつくる「共費社会」。毎日同じ服を着るのがおしゃれな時代。ベターライフからマイベストライフへ。自己拡張感から自己肯定感へ。ワンランクアップからワンランクダウンへ。拾う時代。セレブリティからセレンディピティへ。*リシンク。*コトコト交換と時間貯蓄。シェアタウン。SNSは都市を分散型にする。新・四畳半暮らし。等々。

＊オムニボア＝さまざまな文化を自由に生活にとり込んで楽しむ。文化的「雑食」。／ボボス＝余裕はあるが質素で自由な生活スタイルを好む。「ブルジョア・ボヘミアン」。David Brooks, *Bobos in Paradise* (2000). ／セレンディピティ＝拾いもの、見つけもの、掘り出しもの。人間との関係にも使う。／リシンク＝ものの見方を変える。視点を変える。Tom Dixon, *Rethink* (2002).

これらの観測でくりかえし確認されている、シンプル化、ナチュラル化、素朴化、ボーダレス化、シェア化、脱商品化、脱市場経済化という現象やキーワードたちは、ひとつひとつとしてみれば、そのあるものはほんの短い流行に終わるだろうし、いくつかは形を変えて、変化型や発展型として広がるだろうし、いくつかは全く一般的に普及してふつうのあたりまえのこととなってしまうので、目新しい「ことば」としては語られることもなくなってしまうかもしれないが、全体としてみれば、時代の非常に大きい、深部からの「曲がり角」を告知するものであると思う。

「三寒四温」の進退をくりかえしながら結局大きい季節はめぐるように、時代は新しい局面に入ると思う。

経済ということでいえば縮小であるが、人間の幸福ということでいえば、経済に依存しない幸福の領域の拡大ということである。

二〇〇八年にわたしが大学を定年退職する時の最後につとめていた大学では、「芸術社会学」の他に「デザイン・モード・ファッション」という授業を担当していたのだけれども、その少し前、二〇〇四年か五年くらいの時点で、学生たちのファッション感覚に明確な変化の「潮目」があることを感じたことがある。三浦展がこれらの本で着目しているユニクロを着こなした新入生たちが、それ以前のブランドものや最新のモードを追ってきた上級生や先輩たちを、「バブリーなおばさんたち」という言い方で、微妙にけいべつする空気となった。

彼女たちが三浦を読んでいたわけではないが、三浦が彼女たちを読んでいたのだ。

セレブリティからセレンディピティへ等々というような変化の基底にあるのは「選ばれた者」から「選ぶ者」へ、「価値のある人間」から「価値を決める人間」へ、「上流社会」から無流社会へ、つまり上流、中流、下流ということにこだわりをもたない人間の社会へ、自由な社会へ、ということである。「バブリーなおばさんたち」へのけいべつ感とは、このような、自由な人間の社会の世代の感覚である。

この変化は実は芸術の世界とも呼応していた。二〇世紀までの近代芸術、とりわけ「現代芸術」を駆動したのは、常により「新しい」ものをつくり出そうとする競争であった。「新しい芸術とは何か?」「最も新しい芸術とは何か?」

けれどもこの「新しい芸術とは何か」「最も新しい芸術とは何か」という問いそのものが、微妙に古いものとして感覚され始めている。[*] 二〇世紀の後半にそのピークに達した、「新しさ」をそれ自体として誇示し合うというモダンアートの情景は急速にはやらなくなってきたように思える。モードとファッションの世界においても一九六〇年代、七〇年代、八〇年代と、加速し展開しつづけてきた「新しいもの」への情熱は、八〇年代のメタリックや「セロハンテープとホッチキス」等に至る素材革命などをピークに、九〇年代以後には、むしろこれまでのさまざまな時代のファッション――プリミティヴ、ネイティヴからオリエンタル、バロック、ロココ、モダンクラシックを経て六〇年代、七〇年代、八〇年代までを自在に往還し引用し統合するフラットな高原の方に着地しつつあるように見える。

＊二〇世紀後半のモダンアート、コンテンポラリーアート界の「新しさ」をめぐるアーティストたちの激しい競合の現場が、彼自身この運動の中心部にいて数々の賞を受賞した宇佐美圭司による『二〇世紀美術』(岩波新書、一九九四)に活写されている。その後の本文に記したような動きについては、HIROSHI SUGIMOTO *SEASCAPES*(日本語版は青幻舎、二〇一五)に付した「解説」"Horizon of Time. Or Fertile Tranquility"(時の水平線。あるいは豊饒なる静止)等を参照。

考えてみれば、アートとモード、ファッションの領域における、二〇世紀までの、「新しさ」という価値の自己目的化、常により「新しいもの」を求めつづける強迫は、人間の歴史の第Ⅱの局面の、とりわけその最終のスパートであった「近代」というみじかい沸騰期、加速しつづける「進歩」と「発展」と「成長」を追い求めてきたステージに固有の価値観であり、感覚であり、美意識であった。三浦が報告しているような、新しいミレニアムに入ってからの、シンプルなもの、ナチュラルなもの、持続するものに対する志向は、たんに一時期の流行ではなく、(もちろん何回もの「ゆり戻し」はあるであろうが、)基本的な動線としては、もっと巨大な歴史の曲がり角を告知するものであると思われる。

二章　ヨーロッパとアメリカの青年の変化

1　ヨーロッパ価値観調査／世界価値観調査。データと方法

一章では、近代の高度経済成長の完成の後の時代つまり人間史の第Ⅲ局面の高原期の人間の精神がどのような方向に向かうかということを展望する手掛りとして、この高原期に人間を形成した最初の世代である青年たちの精神を、高度成長の最盛期の同じ年齢の青年たちの精神と比較して、どのような変容があるかということを、日本のデータについて見てきた。

日本以外の、西ヨーロッパ、北ヨーロッパ、アメリカ合衆国を中心とする、同様にすでに高原期に入った高度産業諸社会における、新しい世代の精神の変容について、同じように堅実な、つまり十分に大きな規模(サンプル数)と、統計学的に信頼のできる正確な方法とに基づいた調査のデータがあるだろうか？

このような条件を充たした大規模な国際調査が、幸いにして一つだけある。

それは一九八一年に開始された「ヨーロッパ価値観調査　European Values Study」と、これを基として拡大展開された「世界価値観調査　World Values Survey」である。二つの調査は、統合された形でもデータが集計され公表されているので、以下この統合された結果を使って、簡略のために「世界価値観調査」として記述する。

世界価値観調査は一〇〇に近い国や地域で実施され、世界人口の90％をカバーすると、公式サイト上でうたわれている。この調査の最も貴重な点は、価値観を中心とする人びとの〈精神〉について、大規模な国際比較が可能であるということ以上に、同じ質問による調査が定期的にくり返されることによって、長期的な変化を正確に知ることができる、ということにある。

西ヨーロッパの「中心国」フランスを例にとると、ＧＤＰ（国内総生産）の年間増加率は一九六〇年代の４～７％、「激動の七〇年代」の乱高下を経て、一九八〇年代、特に九〇年代以降は０～２％台と安定平衡の高原に着地している。文化と言説のさまざまな分野において、さまざまに異質の内容に対して、「ポストモダン」（近代の後の時代）という呼び名が、感覚的に説得力のあるものとして貼付され、急速に流通しはじめた時代とこの経済の屈曲点は対応している。ヨーロッパ価値観調査、世界価値観調査の開始の時点も丁度この八〇年代初頭と対応している。

新しく始まったばかりの時代の人びとの精神変容を、できるだけ長いスパンでシャープに把握するために、ここでは次のような方法をとった。それぞれの国の、データの発表されている最も新しい調査年（最新調査年）の、二〇―二四歳の若年青年層の精神について、最も古い調査年（初回調査年）の、同じ二〇―二四歳の若年青年層と比較して、その変化を見る。一章の日本の青年層の変化の分析では、二〇―二九歳の青年層について、同じ再集計分析をおこなったが、二〇―二四歳の若年青年層に絞ってみることによって、変化を一層シャープに見ることができる可能性が大きいからである。更に若く一六―一九歳の調査も行っている国もあるが、一〇代の調査は行っていない国も多く、また日本での調査の経験からいうと、一〇代においては未だ親や教師の価値観の影響が大きく、かえって二〇代前半に入って初めて、その世代固有の価値観を確立しているとみられることも多いからである。（初回調査の高年層と最新回調査の若年層とを比較すれば、世代の変化はもっと大きく見やすいだろうが、一章でもみたように、その場合は人生の「年齢」の影響がまじってしまうので純粋に「世代」の変化とみなすことができなくなる。）

「最初回」の調査の年と、データの公表されている「最新回」は調査の年も国によってそれぞれちがっているので、これからこの章で言及されるすべての国について、その「初回」と「最新回」との実際の調査の年の一覧を、表11に記した。これから本文の中で、たとえば「フランス　19↓49％」と記してある時は、フランスの二〇代前半の青年たちについて、初回一九八一年には19％であったのが、最新回二〇〇八年には49％となった。という意味である。

表11

	最初回	最新回
フランス	1981	2008
西部ドイツ	1981	2013
イギリス	1981	2009
デンマーク	1981	2008
スウェーデン	1982	2011
ノルウェー	1982	2008
アイスランド	1984	2009
ベルギー	1981	2009
オランダ	1981	2012
ルクセンブルク	1999	2008
イタリア	1981	2009
スペイン	1981	2011
アメリカ合衆国	1982	2011
カナダ	1982	2006
香港	2005	2013

なおドイツは、一九九〇年の統一までは「西ドイツ」（ドイツ連邦共和国）「東ドイツ」（ドイツ民主共和国）に分かれていたが、統一の後も二〇年以上の間、交流、移住は自由になったにもかかわらず、二〇一〇年代になってなお、旧西ドイツ地域と旧東ドイツ地域との精神の相違は大きく、さまざ

まの質問項目において、旧西ドイツ地域のみが、フランス、イギリス、デンマークなど西欧、北欧の成熟した高原期諸社会と同様な精神の変容を示し、旧東ドイツ地域は全く異なっている。世界価値観調査では、旧西ドイツ地域と旧東ドイツ地域とを別々に集計した結果も発表されている。ここでは統一後のドイツの内の、旧「西ドイツ」地域を「ドイツ西部」と呼び、旧「西ドイツ」と現在の「ドイツ西部」とを通しで語るときや、歴史的な比較をする時は、「西部ドイツ」という書き方をしたい。

2　幸福の高原と波乱

世界価値観調査の基本的な質問項目に、「全体的にいって、現在、あなたは幸福だと思いますか、それともそうは思いませんか」と問うて、「非常に幸福」「やや幸福」「あまり幸福ではない」「全く幸福ではない」の四つの段階から選んでもらうものがある。ありふれた質問であるが、現実の結果は真に目を見張らせるものである。

大きい結論を直截に言ってしまうと、西ヨーロッパ、北ヨーロッパを中心とする高度産業社会において、経済成長を完了した「高原期」に入った最初の三〇年位の間に、青年たちの幸福感は明確にかつ大幅に増大している。

一九八〇年代の初回調査と二〇一〇年近くの最新回調査との間の変化を二〇―一四歳の年齢層についてみると、「非常に幸福」と答えた青年たちの割合は、それぞれの国で、次のように変化している。

フランスは19→49%に。イギリスは35→44%に。西部ドイツは9→27%に。デンマークは29→48%に。スウェーデンは25→45%に。ノルウェーは29→51%に。この他アイスランド35→51%、ベルギー40→49%、オランダ31→36%、ルクセンブルク36→40%等。

念のために、西ヨーロッパ、北ヨーロッパの主要な六ヶ国にたいして、最初回調査と最新回調査との途中の推移を見ると、図6のようである(基となる数値は表12に示す)。

たとえばフランスは、一九八一年19%、八六年29%、九六年39%、二〇〇八年49%である。他の五ヶ国についても、図のように大きい乱高下のなかで、偶然最新年には高くなっているという経過ではなく、基本的に長期的な増大の傾向があることがわかる。

けれどもきびしく考えてみると、この数字だけでは未だ、次のような可能性も否定でき

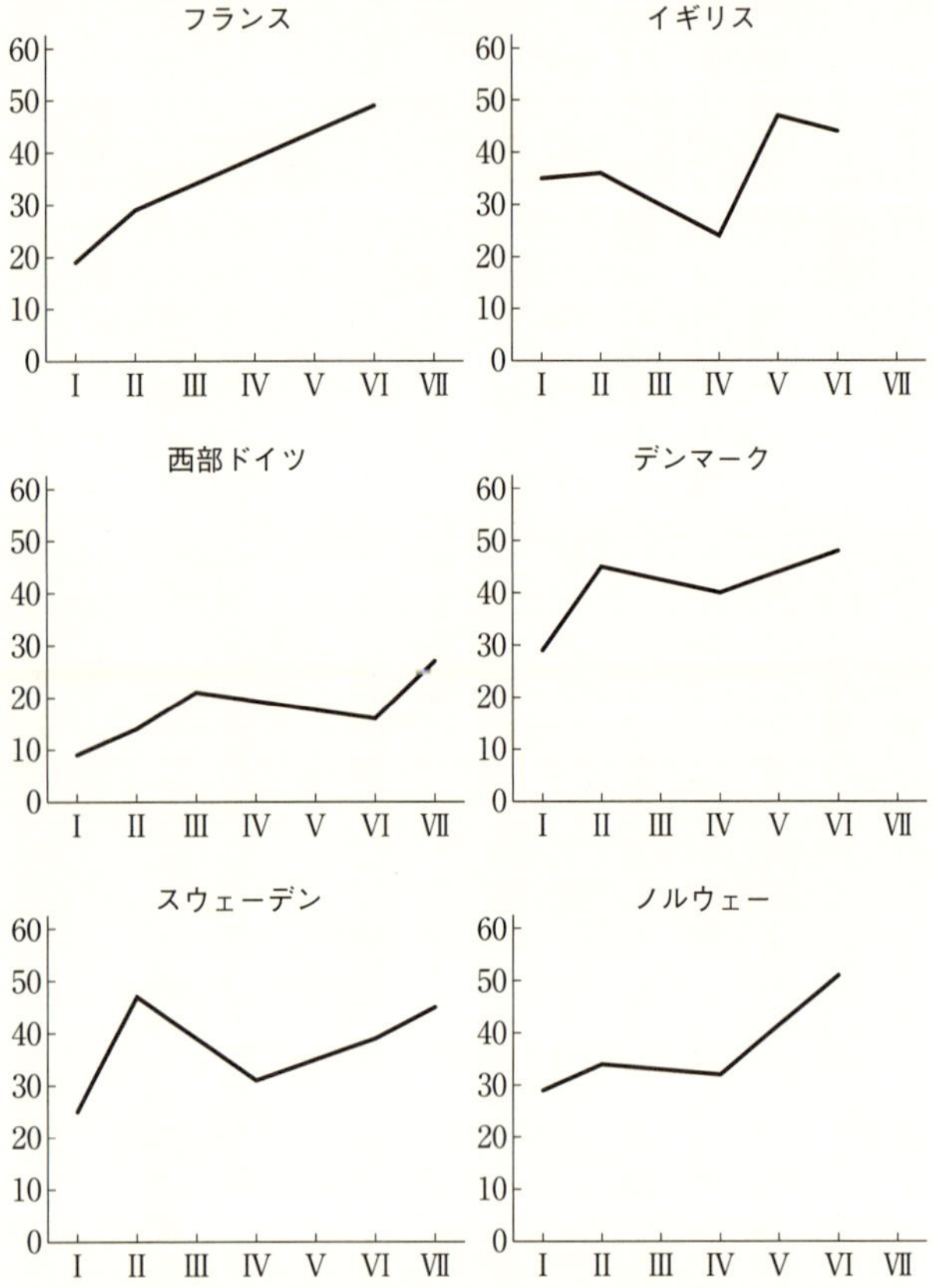

図 6　高原期諸国の新しい世代における「非常に幸福」意識の増大
Ⅰ：1981〜85 年　Ⅱ：1986〜90 年　Ⅲ：1991〜95 年　Ⅳ；1996〜2000 年
Ⅴ：2001〜05 年　Ⅵ：2006〜10 年　Ⅶ：2011〜15 年　（単位は％）

表12　図6の基となる数値

No.	国名	Ⅰ：1981～85	Ⅱ：1986～90	Ⅲ：1991～95	Ⅳ：1996～2000	Ⅴ：2001～05	Ⅵ：2006～10	Ⅶ：2011～15
1	フランス	19%	29%		39%		49%	
2	イギリス	35%	36%		24%	47%	44%	
3	西部ドイツ	9%	14%	21%			16%	27%
4	デンマーク	29%	45%		40%		48%	
5	スウェーデン	25%	47%		31%		39%	45%
6	ノルウェー	29%	34%		32%		51%	

ない。「非常に幸福」が増大している一方で、不幸な人びとも増えているのではないか？　つまり、「両極分解」しているのではないか？　そこで、これらの国々について、最新回の調査における、「あまり幸福ではない」「全く幸福ではない」の数字を見ると、次のようである。

フランス2.5と0％、イギリス4.7と1.2％、西部ドイツ9.6と0％、デンマーク1.1と0％、スウェーデン3.8と0.8％、ノルウェー2.2と0％。（上段が「あまり幸福ではない」、下段が「全く幸福ではない」）

このように不幸な人びとは、いずれも10％以下であり、90％前後が「幸福」である中での、「非常に幸福」の増大であることが分かる。

この事実は、経済成長の完了(終了)したのちの社会は、停滞した不幸な社会となるのではないかという、一般的な予測を端的に打ち砕いている。それは人びとが、近代を支配してきたホモ・エコノミクス的な価値観＝経済的な富の増大を幸福の尺度と同一視したり、経済的な富によって手に入れることのできる種類の幸福を幸福のイメージとして考えるような倒錯から解き放たれて、もっと多様な、あるいはもっと原的な、幸福に対する感受能力を獲得し、増強するためと考えられる。

さらにもう一つの観点からきびしくみると、二〇一七年現在に公表されている各国の最新回は、二〇〇八年から一三年の調査であるが、知られているように、フランスでは二〇一五年一月シャルリー・エブド襲撃事件があり、同年一一月にはパリ中心部のレストラン、劇場、同郊外の競技場などの同時多発テロがあり、社会の空気は一変したのではないかと考えられる。ドイツでも一六年のバイエルンとベルリン、イギリスでは一七年三月ロンドン国会議事堂付近、同五月マンチェスター、デンマークで一五年二月コペンハーゲン、スウェーデンで一七年四月ストックホルムなどで相次いでテロ事件があり、この後の調査においては、「非常に幸福」は大きく減少しているのではないかとも予想できる。

この点で参考になるのは、アメリカ合衆国のデータである。アメリカの同じ二〇一二四歳の青年たちの間で「非常に幸福」は、つぎのように推移している。

一九八二年28％、九〇年43％、九五年42％、九九年44％、二〇〇六年36％、一一年33％。

このようにアメリカにおいても一九八二年初から九九年まで増加した後、二〇〇一年九・一一テロの後二〇〇六年には36％まで減少しており、事件後一〇年を経た二〇一一年なお痛手と社会的、政治的な余波から回復していない。

アメリカとヨーロッパの中心部を含む国際的なテロリズムは、帝国主義、植民地支配、ネオ・コロニアリズム、中東分割、移民による経済成長、差別と格差、憎悪の連鎖等人間史の第Ⅱ局面の最終段階がつみ残した未解決の諸矛盾の顕在化であり、第Ⅲ局面の冒頭をゆるがす激動である。

ここで二つのベクトル(力の方向線)が拮抗している。一方は「高原効果」と呼ぶべき方向線であり、人間史の第Ⅲ局面の高原において、人間の幸福を着実に底上げしてゆく力である。これは現在公表されている最新回までの、西、北ヨーロッパの高原期諸国のデータが明確に実証している。他方は「テロリズム効果」とも呼ぶべきものであり、第Ⅱ局面の最終段階がつみ残した未解決の諸矛盾が震源となる波乱であり、アメリカ以外ではまだ数字には現われていないけれども、今後何回かの調査において、西、北ヨーロッパの諸国においても、否定的な現実として現われる可能性の大きい要因である。

「高原効果」は、千年を単位とする人間の歴史の基本的な方向を示す基底と考えられるが、「テロリズム効果」の方も、最終的な解決には数十年を要する波乱の要因と考えられる。

3 「脱物質主義」

世界価値観調査のもう一つの主要な設問に、この調査の理論的な中心であるイングルハートの著書『静かなる革命』以来の理論である「脱物質主義」化の検証という質問のシリーズがある。実際の質問の設定は、次の三つの質問へのそれぞれ四つの選択肢の内から、一番大切と思うもの、二番目に大切と思うものの二つずつを選んでもらう、というものである。

一、わが国の向こう一〇年間の国家目標をどう設定したらよいかについて、よく議論されています。次に、いろいろな人が最も重視する目標がいくつかあげてあります。
1　高い経済成長を維持すること
2　十分強い防衛力を持つこと
3　人々が職場や地域社会での物の決め方にもっと発言できるようにすること
4　われわれの都市や農村をもっと美しくするように努力すること
二、もし選ぶとしたら、次の中で何が最も重要だと思いますか。
1　国家の秩序の維持
2　重要な政府決定に関してもっと国民に発言権を与える
3　物価の抑制
4　言論の自由の擁護
三、あなたの意見では、この中で何が最も重要だと思いますか。
1　経済の安定を目指す
2　より人間的で暖かみのある社会を目指す
3　お金よりも知識や思考が重視される社会を目指す

4　犯罪の撲滅を目指す

この内、「人々が職場や地域社会での物の決め方にもっと発言できるようにすること」「われわれの都市や農村をもっと美しくするように努力すること」「重要な政府決定に関してもっと国民に発言権を与える」「言論の自由の擁護」「より人間的で暖かみのある社会を目指す」「お金よりも知識や思考が重視される社会を目指す」の六項目が、「脱物質主義」の方向を示す回答とされる。

われわれのここでの問題意識に従って西ヨーロッパ、北ヨーロッパの主要な高原期諸国と、アメリカ、カナダ、日本について、二〇―二四歳の青年層の、初回と最新回との間の変化をみると、全体として大まかにいえば、「脱物質主義」という方向への変化は見られるけれども、質問内容や各国別のちがいが大きく、「明確な一貫した変化」とまでは言えないものだった。この六つの回答項目については、フラナガンらもすでに指摘しているし、わたしもそう思うように、せまい意味での「脱物質主義」的な方向への変化と、権威主義的なシステムから言論を中心とする〈自由〉の尊重というシステムへの変化という、二つの異質の次元の変化を重ね合わせて一次元的な「尺度」としていることもあるので、「脱物質主義」尺度を構成する六つの回答を元に戻して別個にそれぞれを集計してみるとその意味は単純明快となる。このように別個にみると第二の質問に対する「言論の自由の擁護」という価値を一番目あるいは二番目に重視している青年の割合はいくつかの高原期の国々において非常に大きく増大している。

スウェーデン37↓69％、カナダ34↓62％、西部ドイツ62↓76％等。

けれどもそれ以外の五つの回答選択肢については、先に集約してみたとおり、全体として「脱物質主義」の方向にいくらか動いている、という程度であった。

4　共存の地平の模索

そこでここでは一章で日本の脱高度成長期の青年たちの精神変容についてみてきた仕方と同じ方法で、あらかじめ予想仮説は立てずに虚心坦懐に、厖大な質問項目中から、明確に大きい変化がみられる項目はどこにあるか、という、「発見的」な方法をとって探索してみると、多くの高原期諸国において共通して大きい変化のみられる価値の選択があった。

それは、「ここに、家庭で子どもに身につけさせることのできうる性質が列記されています。この中で、あなたが特に大切だと思うものを五つあげて下さい」として、次の一一の価値の項目を提示するものであった。

1 自主性 independence
2 仕事にはげむ hard work
3 責任感 feeling of responsibility
4 想像力 imagination
5 寛容と他者の尊重 tolerance and respect for other people
6 節約心(お金や物を大切にする) thrift saving money and things
7 決断力・ねばり強さ determination, perseverance
8 信仰心 religious faith
9 利己的でないこと unselfishness
10 従順さ obedience
11 自己表現力 self-expression

この中で、多くの高原期諸国において共通して大きく増大している価値が「寛容と他者の尊重」であった。

フランス60↓86％、ベルギー40↓81％、デンマーク60↓89％、ノルウェー29↓92％におけるこの価値の増大はめざましく、その他の先進産業諸国でも一斉に増大している。西部ドイツ52↓72％、イギリス58↓72％、スウェーデン71↓79％、アイスランド59↓87％、オランダ62↓74％、ルクセンブルク59↓87％、アメリカ51↓66％、カナダ50↓87％、日本45↓74％。

「寛容と他者の尊重」ということは、「成長と開発」に代わって「共存と共生」が基調となる第Ⅲ局面の基本的な価値であると考えられる。

「寛容と他者の尊重」という価値の重視の、とくにヨーロッパにおける現実的な背景としては、移民問題、宗教問題、差別と格差、等、異質な他者たちの間の共存の困難の経験の切実があると考えられる。憎悪の連鎖と増幅等すぐに来るテロリズムの顕在化を胚胎する空気に対する鋭敏な予感をさえ読み取ることができると思う。

同時にそこには、青年たちが、この社会のこの局面の未解決の矛盾に対して、正面から真摯に取り組み、積極的にのりこえようとしていることも読むことができる。二〇一五年以降ヨーロッパはフランスでもドイツでもイギリスでもデンマークでもスウェーデンでもノルウェーでも、困難な局面を迎えることになるが、「寛容と他者の尊重」をとくに大切な価値として挙げる青年たちの世代は、おそらく数十年の困難な格闘の局面をとおって、新しい共存の地平を拓いてゆく可能性が大きいように思われる。

すでにテロリズムを経験していたアメリカでもこの「寛容と他者の尊重」という価値は、51↓66%と増加し、隣国カナダでも50↓87%と著しく増大している。

「寛容と他者の尊重」という価値の増大と関連して、「利己的でないこと」という価値も、多くの高原期諸国において、増大している。フランス18↓36%、デンマーク35↓73%、ノルウェー9↓24%、オランダ14↓28%、カナダ19↓48%、アメリカは27↓35%。

この価値もまた、新しい共存の地平の模索の一環として見ることもできると思われる。

5　共存の環としての仕事

けれども他方で、「仕事にはげむ」「決断力・ねばり強さ」という一見、「寛容と他者の尊重」「利己的でないこと」という価値の強調とはいくらか異なった精神風景を思わせる価値の強調もまた多くの高原期諸国の青年たちの間で、増大しているということも着目される。

「仕事にはげむ」はフランス21→48％、イギリス15→46％、オランダ3→40％、アメリカ19→66％、カナダ19→59％。

「決断力・ねばり強さ」はフランス22→44％、西部ドイツ28→62％、イギリス19→34％、ノルウェー6→33％、アメリカ17→35％、カナダ25→55％。

高原期諸国の青年たちの価値の重点のこのような動向にはこれまでの「現代若者論」の言説においてよく見られた、「仕事思考からあそび思考へ」というような青年像とは少し異なった方向性を見ることができる。そこにわれわれが見るべきものは、むしろ「仕事」

そのもののイメージの変容であるように思われる。「寛容と他者の尊重」「利己的でないこと」の重視という大きい方向と統合して考えてみると、それはたとえばホモ・エコノミクス的な、「かせぐための仕事」「成功のための仕事」というイメージから、「社会的な〈生きがい〉としての仕事」、共存の環としての仕事というような、重心の変容があるのではないかと思われる。

補 〈単純な至福〉

「高原期」に入った社会の新しい世代の精神の変化について、ヨーロッパ価値観調査、世界価値観調査に見られる最も明確な大きい変化は、これらの新しい世代の青年の、幸福感の増大ということであった。2節図6に見たとおり、たとえばフランスの二〇代前半の青年たちの間で、「非常に幸福」と回答した人の割合は、一九八一年19%、八六年29%、九六年39%、二〇〇八年49%と、着実に一貫して増大してきた。このように大規模な統計調査は、確実な信頼のできる知識を与えてくれるが、その代わり統計調査の伝える事実は、いわば現実の骨格であって、一人一人の青年たちの、その「幸福」の、生きいきとしたリアリティをもった内容を伝えてはくれない。これは統計調査の限界である。高原期の社会において着実に増大してきた幸福な青年たちは、どのような具体的な経験にうらうちされて、どのような理由で幸福なのであろうか。このような統計調査によっては得られない、生きいきとしたリアリティを知る手がかりがあるのだろうか。

幸運なことに、フランスにおける最新回調査の直後、二〇一〇年に行われた「幸福観調査」においては、最初の質問で、全体的な幸福について、「非常に幸福」「まあ幸福」「あまり幸福でない」「全く幸福でない」の四択で回答してもらったあとで、その(幸福や不幸の)理由について自由に記入してもらうスペースと、その(幸福や不幸の)もととなった経験や思い出について、自由に記入してもらうスペースとが空けられている。*

＊　パリ第三、第四大学、職業技術教育短期大学他における、見田朱子の調査(未発表調査原票)。

この回答の内、最初の問いに「非常に幸福」と答えた青年について、その後の「理由」と「経験」について自由に記された内容を見ることによって、わたしたちは高原期の青年たちの「幸福」のリアリティについて、知る手がかりを得ることができる。以下にこのような回答のいくつかを見よう。

＊

○私の理由はごく取るに足らないものです。私は最近大切な人たちと穏やかな一週間を過ごしたばかりです、いまでも、旅の興奮や、集中した読書にむすばれた歓びを感じています。

友人と、特に恋人の家での、とても楽しい夕べ、お茶、それに夕食。

恋人。そしてオルセー河岸で、彼の腕が私の背中を、あるいは彼の手が私のうなじを不意に捉えること。

アール・ヌーヴォーを鑑賞すること、それかクラシック音楽を聴くこと。

○私のことを愛し支えてくれる家族がいます。もちろん私も愛しています。

私の人生にすごく重要なとても素晴らしい友達がいます。愛しています。

私は自分の人生を生きさせてくれる国、民主的で（飢えのような……）問題を多く抱えていない（たとえば第三世界の国のようではない）国に住んでいます。／私は自分を愛しています。／海岸に友達と海水浴にいくとき（ぎゅうぎゅう詰め、素っ裸で）／人生を楽しむ！

でも同時に。自然のなか、ひとりきりで、自分の人生を考え、こう思います。ヤナ、あなたの人生は美しい♡

○私には家族や友達がいて、ずっとしたいと思っていたことをしています。私は可能なかぎりで夢を実現しましたし、健康です。——友人との夕べ——旅、異文化の人たちとの出会い／自然—遠足—風景—静寂—心地の良い空気／イタリアで食べた初めてのピザ／外国滞在のあとで家に帰ること。

○春が始まる、私は太陽が大好きです、ただそこにあるというだけでも私に力をくれます。私は本当の友達、愛を見つけましたし、それ以外のもの、どんな物質的財産も、私にはあまり重要ではありません。

海辺で過ごしていたとき、私は波に飛び込みました。／春の始めの日、日の光のなか散歩しました。／ロンドンで私はお気に入りの花々を見ました。

○家族は健康で、いまやっている勉強は楽しい。
弟の生まれた日／森のなかを馬で散歩すること。
○私は根っからの楽天主義者で、特に理由がなくても単純なことだけで十分幸せになれます。四年前、お気に入りの作家に会う機会がありました、このことはいまでも微笑ましい思い出です。また、私の幸福の記憶は一般に、物語を書く能力や、愉快な映画や書物、アニメからインスピレーションを受けることに結びついています。
○私はとても幸福です、なぜなら私は家族や誠実な友達に囲まれているからです。私は演劇をやっていますが、それは多くの歓びを与えてくれます。それに、数週間前から新しい恋人がいます……
——グアドループ諸島でのヴァカンスのことを思い出します。大いに楽しかったですし、海辺で泳ぎました、貝殻がありました、暖かい日でした。

——先週、演劇仲間と夜会を楽しみました、幸福で、完璧にのびのびとして、落ち着いていました。

——今週末、いとこの家で、ワインを飲みながら映画を観ました。

○何も不足なく、支えてくれる素晴らしい家族がいて、愛してくれる恋人がいて、楽しみとする勉強があり、頼りになる友達がいます。
はい、たくさんあります、というのも、幸福はなにより生活の単純な事柄に見つかるからです。
○健康で、勉強をしている。
毎日少しずつある。
○選んだ勉強。／行っているスポーツ活動が楽しくて、私はそれに成功しました。／感情面の生活はうまくいっています。／勉強にお金を出せるようにするための仕事での活動は面白いものです。／スポーツでの勝利／勉強の成功／日常生活での些細なことがら
○安定して、愛する人たちに囲まれた生活がある。
○仲の良い家族、素晴らしい恋人、健康があって、仕事を持ち、勉強もうまくいっています。ええ、もう少しお金があるとよいでしょうね！ :-)
家族との食事、試験での成功、恋人との夕べ、等。単純だけど大切な幸福です。
○とても幸せです。なぜなら、私は私だから、そして殆どの時間に大切にしている人たち

といるからです。
あまりにたくさん。
○好きなことをしていて、私を愛し、私が愛する人たちに囲まれている。
○とても幸せです、なぜなら自分の人生と自分の選択に満足しているからです。
恋人と愛を営むこと。
○仕事の世界の外部に自分を満足させてくれるような情熱にめぐりあえました。それは数多くの人たちとの出会いに導いてくれます。彼らの考えや生き方は私を楽しませ、実に多くのことを人格面で与えてくれます。
友人や、それまで知らなかった人たちとダンスのために集まった週末、時が経つのも忘れ、私たちは週末の間オフになっていました。

この瞬間は、私にとって幸福に近い状態を現わしています。
○現在という時間を、各瞬間が唯一のものであるかのように楽しみ、生きています。
ただ友達といて、物事を共有すること。
○DUT　QLIO(職業技術教育短期大学課程／品質・産業ロジスティクスと組織コー

ス)で、他のことは気にかけずに、素晴らしい一年間を過ごしています。というのも、年末には進路を決め直すことにしているからで、そのため、この一年間は楽しみのために利用しうんざりしないように過ごすのです。

○初めて自分の出身国であるカンボジアに行ったこと。そこでは、何も持たざるひとが、見返りに何も期待せず、すべてを与えようとしてくれるのを見ることができます。

○職業、家庭の状況は良好で、それに健康です。

たくさんあります。たとえばバカロレア資格(大学入学資格)を得た日、長く会っていなかった友達や家族との再会。

○日々の生活で起きているすべての事柄に満足です。

○一日に三回ごはんを食べられるから。

○神と周りの人たちのおかげで、人生にのびのびした思いを抱いています。

日々の事柄は私を幸福にしてくれます。／両親の視線のなかに、誇りと歓びを見出すこと／友達と時間を過ごすこと——大笑いすること

○とても満足のゆく家族と職業の状況。

○楽しみな勉強／とても楽しみな未来の展望／お金や住居に心配がないこと／健康
○私の周りには大切なものがたくさんあります。理解のある家族、頼りになる友人、強制もなく楽しませてくれる勉強、それに趣味のダンスは上質で豊かな人的接触で私を満たしてくれます。私は根っこ、結びつきを持っていて、そこで育ち、それを愛しています。もちろんオプティミストです。
なにより笑えること／素敵な場所でそこにふさわしい音楽を聴き、良い気分でいられるとき／友達が私の引っ越しのときに企画してくれたサプライズ・パーティー／ヴァカンスの間、アルザスに住むいとこに再会するとき／誰かを抱きしめるとき／私のクラブが企画したすべてのダンスパーティー／私が好きな、そしてお互いも仲の良いたくさんの人たちと一緒に過ごしたとき
○家族、友達、恋人がいる。／健康で、パリの学生です。／たくさんありすぎて書ききれません。
○私を愛してくれる友達と家族。健康。勉強が好きで、人生に目標があります。

人生を楽しむ時間、友達とパーティーをする時間、家族と再会する時間があります。／運転免許を取得したばかりです。／友達との誕生パーティー、命、歓び、受け取ることのできた素晴らしい贈り物たち。／母がガンから治癒したと知った日。／親友とのすべてのマクド、あるいは長談義。／これ以上書く場所がありません……

○私の愛する、そして私を愛してくれる人たちに囲まれています。興味のある学問課程についています。

家族と海岸で過ごす午後

○私も、家族も、友達も健康です。勉強も、いままでやってきたこと（旅行等……）も好きです。

諸国の旅行（アメリカ、日本、韓国）／音楽のコンサートに行くこと／友達と一緒にいて笑うこと

○学業課程に情熱を感じていて、もう少しで成功できそうに感じます。家族、友人、恋人ともよい関係で、頼りにしています。

私の家族といとこの家族でギリシャに行った夏休み／女友達との語学研修、恋人とのす

べての（あるいは殆どの）時間／語学試験の合格と大学入学試験の合格

○私はとても困難な事態を経験して、その期間には不幸でしたが、そのおかげでいまではすべてうまくいっています。

○愛を見つけました（今年の夏に結婚するつもりです）。頼りになる誰か、自分を頼りにしてくれる誰かを持つということが一番大事だと思います。

○勉強は楽しみで、いい仕事をしています。優れた友達がいます。私はとても幸運です。クリスマス、家族と恋人に囲まれ、私は居心地よく感じました。いつも何かしら思うことがあります。物質的楽しみ（食べ物）も幸福のときに連なるものです。友達と一緒にヴァカンスに出かけたとき。いつも笑っていました。パーティーをしました。そこでも居心地がよいという気持ち。

○社会的関係もとても重要です。そしてそれを持つためには、最低限のお金とよき健康が必要です。

○家族に囲まれています。友達も私の日々を助けてくれます。そして神への信仰、神への奉仕も幸福を与えてくれます。

家族と過ごしたヴァカンス／人間への助け、あるいは町の清掃（ごみ回収）／私の身に起きた困難な状況について、親友と話し合うこと／恋人と一緒にいること

○二年以上前から恋人がいて、彼とは完璧にうまくいっています。とても素敵なアパルトマンに一緒に住んでいて、私は働いていてお金の問題もありません。たくさん旅をして（旅が大好きです）、健康の問題も家族も問題なく、とても素晴らしい友人たちと素敵な時間を過ごしています。あるファンダム（テレビドラマ・シャーロックに関する）に参加していて、このことも多くの幸せを与えてくれます。

たくさんあります、特に多くの事柄が私を幸せにしてくれるからです。

最近のこと。それまで知り合いではなかった、実に五〇人ものシャーロック・ファンたちと会い、彼らと情熱を分かち合ったこと。

○健康で、友達がいて、家族がいます。／近しい人たちすべてと仲良くやっています。／勉強と仕事も、十分です。

○健康で、家族や恋人と一緒にいます。若く、学生です。人生は美しい。たくさん。

○人生は楽しく、私を成長させてくれる人たちに囲まれています。友達や恋人、家族と一緒にいるとき、でも特に日常から抜け出すとき。

○今日はいい天気。／最近愛を交わした。／たくさんの思い出、しばしば日常で感じられる細々した事柄。

○私には愛するひとたち、できるかぎり会うことを期待できるひとたちがいます。

一緒にいるととても楽しくなれる恋人がいます。／愛するひとたちは調子よくやっています。金銭や仕事の問題はありません。／のびのびした気持ちにしてくれる活動をしています。

家族と親友で一緒に過ごしたヴァカンス／友人と過ごした夜会／日々気持ちよく過ごす毎日が私の幸福に加わっています。

○私には友達と現在の家族がいる。健康、金銭、司法の問題もない。好きなことをしている。

子ども時代、草の上を駆け回り、何でもないことに驚く。

○フロリダに発ちます。／素晴らしい恋人、いい仕事があります。／何も欠けていません。

○自分の夢が実現しそうだとわかった日
○健康ではなくても、幸福であるためのすべてを持ち合わせています。
○家族、友達、恋人、旅する手立てを持ち合わせていること、好きな勉強をしていること。
異国・異文化を発見する旅、友達と過ごす時間。
○頼りになる友達、素晴らしい家族、のびのびと勉強している。何も欠けていません。唯一、私が十分に幸せであるというのが躊躇われるのは、父の同棲相手の女性です。彼女のために私は父と弟に少しずつ会わなくなりました。
それを除けばとても幸せです
＊若かったとき、私は毎年父と、時には母とディズニーに行き、一日中私はずっととても幸せでした。母といとこと一緒にアストリオにいたときもありました。
＊真島ヒロ(漫画家)と会ったこと、それにそれは私が日本語を話すはじめての機会でした。
○至急解決を要する問題はありません。友人がいて、とりわけ将来の夢があり、それらは幸せでありつづけるためのモチヴェーションになっています。

両親、兄弟とのイギリスでのヴァカンスは幸福の記憶です。なぜなら、出発する前の興奮や、そこでやった特別な活動を覚えているからです。

二〇一〇年の日本旅行も。最も幸福な記憶のひとつです。なぜなら、ずっと前から楽しみにしていたからです。

期待は幸福をより強いものにし、そのとき感じるであろう(想像の)歓びを単純に予期するだけでも幸福をもたらしてくれるのだと思います。
○私は大切な友達に囲まれています。健康で、何も欠けていません。国も比較的順調です。よい条件で生活していて、関心のある勉強をしています。／幸せのためのすべてを持ち合わせています。
たくさんあります！　私にとって、毎日は幸せで充ちています。輝く太陽、読書した良書、よいものを食べること、友達といること。私にとって、これらすべてが幸福なもので、だから毎日幸せです。

思い出の数だけ幸せの記憶があります。
○家族や友達が健康で、家庭にも問題がなく、みんなとても親しいです。

特にお金の問題もなく、（とりわけ）素晴らしい旅をすることができます。居心地も悪くありません。私には情熱があり、それを学業にしています。それは私にはとても合っています。

家族や友達とよい時間を分かち合うとき。／人々と情熱を分かち合うとき。

○家族に愛され、よい環境にあるということ、それこそ私は本質的なものだと考えます。

○家庭の安定は私にとってとても大事なものです。

日常の単純な幸せ／友達とのばか笑い／家族のなかに見つかる愛

○好きなことを制限なくやっています。勉強、旅、余暇。お金の問題はなく、並外れた欲望も持っていません。大きな図書館があり、夜に帰ってくると、家で待っていてくれるひとがいます。これらすべてが私を幸せにしてくれます。

それに、人生に意味を与えてくれる情熱と計画があります。要するに、すべてうまくいっています！

ノルマンディーでの午後。ロゼ・ワインを飲み、チーズを食べ、友人たちと長談義をして、緑の草木のうえで寝ころびます。

夏の陽光の下、そよ風にのって穏やかにそよぐ小麦畑を眺めること。／恋人との初めての口づけ。／庭で一日読書をして過ごすこと。／アルカホンの海辺で太陽と松の木の匂いを感ずること。

○何も欠けていません。大切な人たちが健康で私の近くにいます。豊かな国で生活していて、勉強にアクセスができ、思う存分食べることができ、そこでは未来をつくり、何も欠けたもののない家族をつくることができます。

私には家、屋根、着る物があり、スポーツができ、医療制度にアクセスすることができます。

家族や友達と過ごした時間……

○たとえ人生において不幸や困難に遭遇しても、それらを乗り越えることで私は幸せになれます。それに、私は大家族に恵まれ、そのなかでは愛と憐みこそが最優先でした。いつでも状況の肯定的な面を見るように教えられました。もし転んでも起き上がることを私は学ぶでしょうし、それによって性格が強固なものになるでしょう。

私の記憶はかなりあいまいです。ＢＧＭを聴きながら、ひとり、愛するひとたちのことを考えるとき。／人が私を笑わせてくれたとき、彼らの眼のなかに輝きを見たとき。／家族と一緒のとき、お互いを理解しあえるとき。

○そうした状態は恒常的なものではありませんが、それでも、絶対的に幸福ではないという確たる理由も持ち合わせていません。

たくさん、そしてさまざまな。大切な存在をただ抱擁するということから、自分を取り巻く現実を意識することを経て、何かすばらしいものを眺めることまであります。／それら(経験)は、共通して驚くほど単純なものです。

○勉強は楽しく、家族や友達に囲まれています。健康やお金についての深刻な問題もありません。人生で大きな不幸を知ったことは一度もありません。

両親はいつも私の人生と勉強のために一定の自由を与えてくれましたし、私が必要としていたものを与えてくれました。

たとえ最も素朴なものであっても、なにより家族と、しかしそれだけでなく友人と、一緒に過ごしたとき。勉強や私生活における成功。身近なひとたちと一緒に過ごしたパーティー。パリへの出発と、日本語の勉強の開始。これらのときを私が忘れることはないでしょう。
○私は大切なひと（代母）や重要だと思うひと（父）と再び連絡を取りました。／私には完璧な恋人（！）がいます。／健康で、周りのひとたちもおおむね良好です。／好きなことをする自由があります。
○幼少期の記憶（祖父母の家で）、旅（日本とネパール）
○私は小さいときから人生をポジティヴに捉えています。
母や妹と迎えた自分の誕生日。それに一緒に過ごすひとつひとつのとき。友人たちと過ごすとき。
○クリスマス休暇のとき、家族と一緒にいました。ある朝、窓を開けました。外は天気がよくて気持ちがよかった。山々も眺められました。私は幸福だと感じたのです。
○私は人生のいかなる瞬間も自分に素直に生きています。
何かを選ぶときも、同じく最大限素直であるよう努力しています。
そのおかげで、私は毎日を悔いや呵責なく生きています。
私にとっては、この幸福を周りのひとたちに伝えることがとても重要で、もし私がそれに成功すれば、幸福は継続するものとなります。私はこの幸福を受け取った人たちが、それを同じように周りの人たちに伝えてくれるものと期待したいのです。私はこれが、他人と幸福に、平穏裡に生きるうえで根本的な要素だと思います。

私にとって、幸福は内面から来るものです。それは内なる平和に関わるもの。私の人生は幸福の記憶で充ちています！多すぎます。

○私には愛すべき家族があり、身近なひとも含め健康です。栄養失調の人たち、政治情勢が緊迫した国に生きている人たち等と比べると、より快適な生活を送っています。

○私も家族も健康で、みなが私のためにいてくれ、愛する人たちに囲まれています。

○私はERASMUSの学生です。⇓私はとても興味深く、とても美しい国に住んでいて、新しいことを学ぶ幸運を得ています。また、素敵なひとと恋に落ちました。私にはこれで十分です。

家族とのヴァカンス、多くの国への訪問、友人との外出、恋人との時間。

さまざまのことを想像することが出来、読んでいる人間までもいくらかは幸福になるような資料集だけれども、一番大きい印象は、何かとくべつに新しい「現代的」な幸福のかたちがあるわけではなく、わたしたちがすでに知っているもの、(もしかしたらずっと昔から、文明のはじまるよりも以前からわたしたちが知っていたかもしれない)あの幸福の原層みたいなもの、身近な人たちとの交歓と、自然と身体との交感という、〈単純な至福〉だけだということであるように思う(それ以外の追加もいくつかはあるが)。学生だから「勉強」ということばも多く見られるが、それは、原始社会であれば、カヌーを漕ぐとか魚をとるとかということのようなその社会の中でのその人の仕事ということである。

＊

一章の補論では、二〇〇〇年以降の日本の青年たちの動向として、「貨幣経済に依存しない幸福の領域の拡大」ということを見てきたけれども、考えてみると、高原期フランスの「非常に幸福」な青年たちの、幸福の内容について、経済的な富の所有にかかわることがら、ブランドもの、財宝、高級車、等々に関することがらが一つもなかったということは、それが現代の日本の青年たちの、シンプル化、ナチュラル化、脱商品化等々という動向と、同じ方向線上にあることを示唆しているように思われる。

人間の歴史の第Ⅲの局面である高原は、生存の物質的基本条件の確保のための戦いであった第Ⅱ局面において、この戦いに強いられてきた生産主義的、未来主義的な生の〈合理化〉＝〈現在の空疎化〉という圧力を解除されることによって、あの〈幸福の原層〉と呼ぶべきものが、この世界の中に存在していることの〈単純な至福〉を感受する力が、素直に解き放たれるということをとおして、無数の小さい幸福たちや大きい幸福たちが一斉に開花して地表の果てまでをおおう高原であると思う。

三章　ダニエルの問いの円環

――歴史の二つの曲がり角――

ダニエル・エヴェレット『ピダハン』は、一九七七年から二〇〇六年まで三〇年近くの間、宣教師／言語学者として、アマゾンの小さい部族ピダハンの人たちと一緒に生活をした記録である。

アイヌを含む世界中のさまざまな部族や民族の呼び名が、彼ら自身の言語では「人間」という意味であることと同じに、ピダハンもまた彼ら自身の言葉では「人間」という意味であるという。その実際の発音はピーダハーンという、森の中でこだまし合っているような、美しいひびきであるらしい。

この本が現代人をおどろかせるのは、長年の布教の試みの末に、宣教師自身の方がキリスト教から離脱してしまうということである。ピーダハーンの「精神生活はとても充実していて、幸福で満ち足りた生活を送っていることを見れば、彼らの価値観が非常にすぐれていることの一つの例証足りうるだろう。」「魚をとること。カヌーを漕ぐこと。子どもたちと笑い合うこと。兄弟を愛すること。」

このような〈現在〉の一つひとつを楽しんで笑い興じているので、「天国」への期待も

「神」による救済の約束も少しも必要としないのである。

歴史の中に宗教的な「回心」は多い。わたしたちの知る多くはキリスト教への回心の物語である。キリスト教からの離脱も少なくないが、ほとんどは日本のキリシタンの受難のように、弾圧や迫害による敗北としての棄教である。宣教師ダニエルの場合、弾圧も迫害もなしに、この快活で人なつっこい人々に愛され助けられて生きてゆくうちに、キリスト教が彼の内部でいわば「溶解」してしまったのである。

けれどもこの時ダニエルの中で溶解したのは、キリスト教という一つの偉大な宗教の全体よりも、さらに巨大な何かの一角であったと思う。

序章総論に見てきたとおり、古代ギリシャにおける「哲学」の最初の生誕、古代ユダヤ教後期の「預言書」からキリスト教の生誕に至る展開、仏教と儒教の生誕という、近代に至る人間の「ものの考え方」の骨組みを形成してきた巨大な思想たちは、ユーラシア大陸の東西において同じ数世紀の内に生起した。貨幣経済と脱共同体＝都市的な社会の生成をその現実的な基盤とし、これはそのまま、まさしくこの〈貨幣〉と〈都市〉の原理の全面化である〈近代〉に向かう、人間史の大爆発期＝第Ⅱ局面の開始を告げる、歴史の巨大な曲がり角＝第一の〈軸の時代〉であった（図7）。

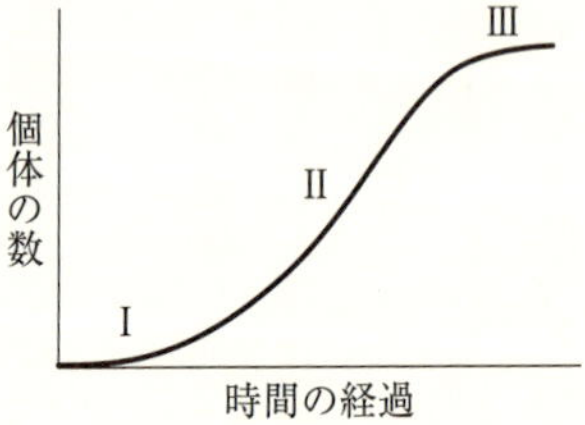

図7

この〈近代〉に至る局面を現実において圧倒的に主導したのはヨーロッパ世界であったが、このヨーロッパ世界の精神を形成したのは、四つの巨大な思想の中でも、第一の古代ギリシャの哲学と、第二の預言書からキリスト教に至る宗教とであった。古代ギリシャの哲学が、その抽象化し、数量化し、合理化する精神において近代に至る歴史の展開を主導したことに対して、預言書からキリスト教に至る宗教は、未来へ未来へと向かう精神、現在生きていることの「意味」を、未来にある「目的」の内に求めるという精神において、この近代に向かう局面を主導してきた。*

＊詳細は真木悠介『時間の比較社会学』岩波現代文庫、二〇〇三、第三章。

生きることの「意味」をひたすら「未来」の救済の内に求めるという発想は、（イザヤ書、エレミヤ書などの）預言書において初めて見られるが、未来の救済の約束ということが全思想の核心として明確に確立するのは、最大の預言書と呼ばれるに至るダニエル書においてであった。この考え方の現実的な背景は、この時代のユダヤ民族の、極限にまで不条理な苦難の歴史であった。

ことにダニエル書は、シリア王アンティオコス・エピファネスによる徹底した迫害と受難の時代に、この現実の地上の絶望の徹底性に唯一拮抗することのできる、「未来」の救済の約束として霊感された。現世に何の歓びも見出すことのできない民族が、生きることの「意味」のよりどころとすることができるのは、ひたすら「未来」における「救済」の約束、来るべき世に「天国」があるということ、現在われわれを迫害し、富み栄えているものには「地獄」が待っているということ。現世に不幸な者たちの未来には天国があるということ。そのような決定的な「審判」の日が必ずあるという約束だけだった。「主よ、これらのことの結末はどんなでしょうか」［ダニエル書12章8節］。すべてはダニエルのこの悲しい問い、切実な問いから始まっていた。やがてキリスト教世界を支配する「最後の審判」という壮大な結末の物語もまた、この時預言者ダニエルの霊感において創造された。

イエス・キリストの語るとおり、富める者が天国に入ることが「駱駝が針の穴を通ることよりもむつかしい」のは、このためである。天国はもともと不幸な者たちのためにつくられた場所であるからである。「旧約聖書」「新約聖書」と日本語で記されるのは、それが約束の文書であるからである。それが幾億の人びとの心のよりどころとなってきたのは、現在生きていることの不幸が、天国によって、「審判」によって、未来によって、必ず救済されるという、神と人間との約束の文書であるからである。「未来」の約束によってはじめて生きていることの「意味」が支えられるのは現在の生が不幸であるからである。

今人間史の第二の巨大な曲がり角に立って、偉大な預言者ダニエルの名を継承した新しいダニエルの問いは預言者ダニエルの問いの正確な反転である。天国も救済も最後の審判も、未来にどんな「結末」も必要としないピーダハーンの〈現在〉とは、どのようなものであろうかと。アマゾンの小さい部族は、どのようにこの地上において富める者たちであるのだろうかと。

一つの歴史が円環する。

「起源のダニエル」の悲しい問いの起動する一つの文明の衝迫は、未来へ未来へとその意味を求めて現在の生を手段化する禁欲と勤勉の精神によって、自然を征服し他者と競合し、やがて世界の果てまでもその版図とする強い繁栄を実現してきた。この巨大な成功それ自体の帰結として、今やすみずみまで開発された孤独な惑星は、人間にとって絶対的な環境限界として立ち現われる。人間という種が生き延びるならば、第Ⅲ局面は、持続可能な幸福の世界として構想されなければならない。第Ⅱ局面の昆虫にとって森は限りない征服の対象であるが、第Ⅲ局面の昆虫にとって森は共生の対象である。〈持続可能な幸福の世界〉は、他者や自然との〈交歓〉という単純な祝福を感受する能力の獲得をとおして、〈現在〉の生が、意味に飢えた目を未来にさしむける必要もなく充実してあることによって初めて可能である。それはどのような資源の浪費も環境の汚染も必要としないからである。一六世紀のスペイン人や一九世紀のイギリス人なら、ピーダハーンと接触しても信仰が溶解することはなかっただろう。ダニエル・エヴェレットは、若い日に一九七〇年代アメリカのヒッピー生活を経験しているが、現在この文明の先端部分でピーダハーンが読まれ反響を呼んでいるのは、危機の向こうの永続する幸福の世界のための、単純明快な示唆の一つを感知するからであると思う。

ピーダハーンもいつか近代化するだろう。すでに彼らは町のマッチや医薬品を欲しがっている。それはピーダハーンの最大の恐怖マラリアから救ってくれる。この点だけでも文明のテクノロジーは圧倒的にすばらしい。だれも今さら原始に戻りたいなどと思う人はいない。近代に至る文明のあらゆる成果をふまえた上で、新しい永続する安定の高原に踏み入る時に取り戻すべきほんのわずかだけの基底のありかをピーダハーンは、教えてくれているように思う。その基底とはこの世界の中にただ生きていることの、〈幸福感受性〉である。

「所有」ということについての、徹底した考察を行った哲学書『存在と無』においてサルトルは、わたしたちの「所有」というコンセプトを、偏狭なホモ・エコノミクス的「所有」の観念から解き放っている。サルトルが挙げている例は、認識による世界の所有、愛撫による女体の所有、滑走による雪原の所有、登頂による風光の所有、であった。ピーダハーンがすでにこの地上において富める者たちであるのは、彼らが交歓と交感という仕方で全世界を所有しているからである。

人間の歴史の第Ⅲ局面は「原始への回帰」のようなものでなく、第Ⅱ局面の達成の内の価値あるもののすべてをふまえた、〈高められた安定平衡期〉である。この局面の〈持続可能な幸福〉の世界のためにピーダハーンが寄与できることは、このテクノロジーの総体を意味のあるものとする、生きることの単純な幸福を感受する能力という、〈感性的な基底〉だけである。

ピーダハーンがこの地上において富める者たちであるのは、彼らが〈交歓〉の対象としての他者たちと自然たちという、涸渇することのない仕方で、全世界を所有しているからである。

四章　生きるリアリティの解体と再生

二〇〇八年アキハバラの無差別殺傷事件は、日本社会に深い不気味な衝撃を与えた。この深い不気味な衝撃は、四〇年前一九六八年全国連続射殺魔事件の衝撃と似ていた。それはまず被害者や一般市民の側からの非条理性においてきわだっていた。また加害者の側から見ても、青森という本州北端の地から上京し、それぞれの時代の経済構造の底辺に近い部分を担う青少年という外面性だけでなく、金銭や性や権力を求めるものでなく、いわば人間性の核心の渇きから来る「実存的」な犯罪であるということにおいて、きわだって共通していた。

その上でこの二つの事件には、日本社会の「夢の時代」から「虚構の時代」への転変と丁度対応するような「反転」があった。

四〇年前の事件については、かつてこれを「まなざしの地獄」として詳細に考察したことがあるので*ここで再論するのはやめて、二〇〇八年の事件についてこれとの対比で見るならば、それは「まなざしの不在の地獄」であった。

＊ 見田『まなざしの地獄――尽きなく生きることの社会学』（河出書房新社、二〇〇八）

アキハバラの犯罪の出発点となったのは、犯人TKが仕事に出てみると、自分用のつなぎ(作業服)がなかったことである。TKはいったん自分の部屋に帰って、自分は結局「だれからも必要とされていない人間」であると感じる。それから人生をふりかえってみても、だれからも必要とされていなかった人間であると感じる。(Mature man needs to be needed.「成熟した人間は、必要とされることを必要とする」エリクソン)

TKはその手記の中で、自分とは反対の側の人間たちを「リア充」と呼ぶ。リアリティに充実している人たちということである。TKがトラックを借りて時代の中心地アキハバラに無差別殺傷のために行く途中、ケータイで友人知人たちに何度も、これから無差別殺人に行くぞ。もう近づいた。もうアキハバラだ。これからやるぞ。と発信しつづける。だれからもレスポンスはない。ヤメロ！　ともバカヤロー！　とも言ってくれる人はいない。到着してしまい、つっこむしか仕方がないことになる。無差別殺傷が目的ならば、トラックでそのままひきまわした方が効率的であろうが、ある時点でわざわざ降りて、用意していた刃物で一人一人追い回して刺す。どんなにリアリティに飢えていたことか。

ＴＫの手記やその他の人物像を知る資料をみていて、わたしが強く感じたのは、リストカットする少女たちと感触がとても似ている、ということだった。ＴＫが内向して自分に向かったのがリストカッターの少女たちであり、リストカットが外に向かって爆発したのがＴＫであると。

丁度アキハバラの事件の年までわたしは大学につとめていたが、最後の勤務校であった女子大学のゼミでは、毎年必ず何人かの人が、小学校か中学校か高校のクラスメイトに、リストカッターがいたという。二年に一人か二人くらいは自分もかつてはやっていたという。推計すれば、何十万人もの少女たち、少年たちが、リストカットをやっている。一九九九年に自死したネットアイドルの高校生南条あやは、だんだん強い刺激を求めて、そのうちにバケツと布を用意して動脈を切っていたという。

フランスに留学した学生がたまたまルームシェアをしたフランス人の女の子がリストカットをやっていてびっくりしたというから(一九八〇年代)、日本だけでなくさまざまな現代社会で共通の現象である可能性が大きいと思う。

文化人類学的なフィルムなどでは、祭りのエクスタシーの中で自分の身体を傷つけて血を流す風習の部族なども記録されていて、おぞましく奇妙な社会があるものだと現代人はみているけれども、何千年かあとの人類が見たら、何十万人もの少女たち少年たちが自分の手首やほかの箇所を傷つけて血を流していた社会とは、どんなにおぞましく、奇妙な社会があったかと思うだろう。

アキハバラの事件よりもう少し前、一九九〇年代のことだけれども、インドのマザー・テレサのところで仕事をしていた人がゼミナールでこんなことを語っていたことが記憶に残った。「インドでは毎年たくさんの人が、神のために死んでゆきます。日本では毎年たくさんの人が孤独のために死んでゆきます。」彼女が言いたかったことは、孤独のために死んでゆくたくさんの人が、神のために死んでゆくたくさんの人のために活動をはじめるならば、両方が救われるのに、ということだった。

アキハバラの事件の衝撃はそのすぐ後、三年後の東北大震災ととりわけ原発の事故という圧倒的な事件のために社会意識の表面からは押し流されて、おき去られた未決の問いの残滓みたいに、精神の構造の基層に残ることとなった。

大震災と原発事故では、新しい自由な形の支援の活動が話題となった。わたしのたまたま知っている人の中でも、東京とミラノとパリを自由に往来する前衛的なデザイン・マネージャーとか、吉本隆明ばかりを読んでいた哲学青年みたいな人とか、思いがけないタイプの人がいつの間にか現地に入って、生きいきとした実況をしらせてくれた。リストカットの少女たち、無差別殺人の青年たちが求めているものもあの被災地に駆けつけた若者たちの求めているものと、同じものであるのではないかと思う。少女たち、青年たちが、自分を傷つけたり人を殺すのとはべつの仕方で、生きるリアリティを取り戻す仕方を見出した時に、歴史はまた一つ新しいページを開くのだと思う。

*

だがそれにしても現代人はなぜこのように、生きることの意味を失ってしまうのだろうか。

ピーダハーンはその生きることの「意味」などを問うこともなく幸福であった。それは彼らの生の現在が他者との交歓と自然との交感によって、直接に充溢していたからである。現在の生に不幸な者だけがこの不幸を耐えることの根拠を求めて、意味に飢えた目を未来に向ける。未来にある「救済」あるいは「目的」のための手段として現在の生を考えるという、時間意識の転倒を獲得することによって、多くの目に見える成果を達成することができるということを、文明は知る。〈未来のための現在〉＝〈目的のための手段〉というこの文明の時間意識の構造によって、第Ⅰ局面の人間たちの渇望であった、生存のための物質的な条件の確保という課題を追求し、見事に達成して来たのが第Ⅱ局面であった。徹底して合理主義的なビジネスマンとか受験生などの典型像に見られるように、未来にある目的のための現在の手段化という時間の回路は、他者との交歓とか自然との交感から来る現在の生のリアリティを漂白するが、この空虚は未来の「成功」によって十分に補うことができるので、空虚感に悩まされることはない。世界の中で、アメリカや西・北ヨーロッパや日本のような高度産業社会において、生存のための物質的な基本条件の確保という、第Ⅱ局面の課題が、歴史上初めて達成されてしまうと、この自明の目的のための現在の生の手段化という回路が、初めて根拠のないものとなる。

一章で見てきたとおり、「近代」という時代の特質は人間の生のあらゆる領域における〈合理化〉の貫徹ということ。未来におかれた「目的」のために生を手段化するということ。現在の生をそれ自体として楽しむことを禁圧することにあった。先へ先へと急ぐ人間に道ばたの咲き乱れている花の色が見えないように、子どもたちの歓声も笑い声も耳には入らないように、現在の生のそれ自体としてのリアリティは空疎化するのだけれども、その生のリアリティは、未来にある「目的」を考えることで、充たされている。序章のはじめに見てきたように、この「近代」の最終のステージとしての「現代」の特質は、人びとが未来を失ったということにあった。図4の尖鋭な分水嶺の示しているように、加速しつづけてきた歴史の突然の減速がどんなに急激なものであったかが分かる。未来へ未来へとリアリティの根拠を先送りしてきた人間は、初めてその生のリアリティの空疎に気付く。こんなにも広い生のリアリティの空疎の感覚は、人間の歴史の中で、かつて見なかったものである。それは第Ⅱ局面の最終ステージという「現代」に、固有のものである。第一に〈未来への疎外〉が存在し、この上に〈未来からの疎外〉が重なる。この疎外の二重性として、現代における生のリアリティの解体は把握することができる。

すでに現在の生の直接の充実を手放して久しい人びとは、このリアリティを代補してきた未来の〈目的〉の自明性をも失うこととなる。「近代」に至る文明の第Ⅱ局面の輝かしい達成を駆動してきた〈未来にある目的のための現在の生の手段化〉＝〈目的への疎外〉の上に、この課題の完了による目的の消失＝〈目的からの疎外〉が重なるという〈二重の疎外〉こそ、第Ⅱ局面の最終ステージとしての「現代」に広く固有の構成である。人々は〈生きることの目的〉を未来の中に求めるという、この文明の局面に固有の問いにとりつかれたままで、この未来にある〈目的〉の確固とした自明性と根拠とを除かれてしまう。現在の生のリアリティの直接の充実を手放したままで、このリアリティを補充する未来の〈目的〉を失ってしまう。これが人間史の第Ⅱの変曲点としての「現代」だけに固有の、二重のリアリティ喪失である。

加速に加速を重ねてきた走行の果てに、突然目的地に到達して急停車する高速バスの乗客のように、現代人は宙を舞う。

五章　ロジスティック曲線について

序章総論の中で記したロジスティック曲線について、特にその人間社会論、現代社会論への適用について、さまざまな水準の問題点を一つ一つ徹底して考察することができるような仕方で、体系的に理論化すると同時に、「現代社会はどこに向かうか」という、わたしたちのアクチュアルな主題に応える仕方で、積極的な展開を行ってみたい。

*

ロジスティック曲線とこれを導く方程式は、一八三八年ベルギー人フェルフルスト(Pierre-François Verhulst)によって提起され、一九一九年アメリカ人パールによる再発見以降、一定の環境条件の下での生物種の消長を示す理論式として広く知られるようになった。そのグラフは序章図3と本文(八頁)に示すとおりであり、ある時期での急激な、時に爆発的な増殖という局面と、環境容量の限界に接近した後の、増殖の停止、安定平衡の局面への移行とが示されている。

パールとリードによる黄色ショウジョウバエの実験をはじめ、タマミジンコ、酵母菌等々の実験において検証された。野外では、パナマ熱帯雨林におけるハキリアリ、セントポール島キタオットセイの例などが知られる。検証されなかった観察例もある。それは基本的に環境条件の一定性が確保されていなかった場合が多い。このことは人間への適用において示唆となる。最近では水産資源論などへの応用も多い。

1　グローバリゼーションという前提
――人間にとってのロジスティック曲線1

ロジスティック曲線はもともとフェルフルストにおいて、マルサスの人口論を批判するものとして、人間の人口についての理論として提起された。しかし人間についての適用(アメリカ合衆国、スウェーデン、フランス等)は一定期間は成立しても、長期的には検証されなかった。このことは、考えてみれば全く当然である。ロジスティック曲線は環境条件が有限である閉域を前提しているが、人間の地域や国家を範囲とすれば、移民などによる人口の流出、流入は考慮に組み入れられているとしても、貿易などによる必要な環境資源の輸入や輸出があり、有害廃棄物の域外や海洋、大気中への排出も可能であるからである（特に現実的には、生存資源の輸入）。

人間にとってロジスティック曲線が現実に成立するのは、二〇世紀末のグローバリゼーションにおいて、地球という惑星の全体が現実に一つの有限性「閉域」として立ち現われた以後である。グローバリゼーションこそが人間にとってのロジスティック曲線貫徹の前提である。

序章図4に見た、一九七〇年代における、世界人口増加率の劇的な、かつ一回限りの屈折はおそらくこの閉域性、有限性の史上初めての現実的な露呈ということの、意識されない構造的な因果連鎖の帰結であったし、それはまたローマクラブ『成長の限界』等として、人間が初めてかつ急速にこのことを意識化した時点と重なっている。

ロジスティック曲線は、すぐれて現代社会論的な論点である。人間にとってのロジスティック曲線は、二〇世紀末のグローバリゼーションによって、「外部の消失」ということによって、初めて、理論的にも現実的にも根本的な規定要因となった。

2　一個体当たり資源消費量、環境破壊量の増大による加速化
――人間にとってのロジスティック曲線2

人間にとってのロジスティック曲線を考える時の第二のポイントは個体あたり資源消費量(および環境破壊量)の大きい変動である。

人間以外の動物にとって、個体あたりの資源消費量は、季節変動は大きいものもあるが、生涯消費量は、何千年、何万年後でも基本的な変動はなく、ロジスティック曲線のモデルはこのことを前提している。しかし人間の場合、たとえば現代アメリカの標準的な中流家庭の人でも古代王国の一握りの貴族たちよりもはるかに多くの資源・エネルギーを消費し、環境を破壊している。現代の豊かな情報化／消費化社会はこの一人当たりの資源消費量・環境破壊量をたえず増大しつづけてきた。

この人間に固有の特質は、ロジスティック曲線において、第Ⅱ局面の終結と第Ⅲ局面への移行とを、他の動物たち以上に早期に、切迫して実現するという方向に作用するもので

ある。

3　テクノロジーによる環境容量の変更。弾力帯。「リスク社会」化。

不可能性と不必要性
——人間にとってのロジスティック曲線3

ロジスティック曲線をめぐる人間に固有の条件としては、前項に見た、一個体当たりの資源消費量・環境破壊量の変化(増大)とは反対の方向に作用する力もある。テクノロジーによる環境容量の変更(拡大)可能性である。人間はこれまでも、古代の農業革命と近代の産業革命において、テクノロジーの力によって環境容量自体を画期的に拡大してきた。多段式ロジスティック曲線を主張する論者が依拠するのは、実際上この二つの革命である。(原始期の出アフリカをこれに加える可能性もある。これは一応単純な外延的 extensive 拡大であるが、何かの原初的なテクノロジーの獲得によって可能となったと考えることもできる。)

第一の農業革命(牧畜革命を伴った)は自然との共生の新しい水準であった。

第二の大きなテクノロジーによる環境容量の変更＝工業革命(「産業革命」)は、大規模な環境破壊と世界の諸地域の生活系の解体と、「ホモ・エコノミクス」化による人間の精神の空疎化をもたらしたけれども、それでもなお全体としては、ポジティヴな成果の方がはるかに大きかったと考えることができると思われる。(特に医療分野、生活の快適化、交通、通信、情報による、経験の拡大と自由化、等々。)

今アクチュアルな問題として問われていることは、この産業革命の大成功の帰結としての、全地球的な環境危機、容量限界に対して、何か偉大なテクノロジーによって、抜本的な環境容量を拡大する可能性があるか、必要性があるかという問題である。

抽象的な思考によって推論を行うならば、「二度あることは三度ある」みたいに、もう一度何かの偉大なテクノロジーによって、地球環境容量の抜本的な拡大は、ありうるもののようにも思われる。

具体的に考えてみると、それは現実に二つの方向で試みられているし、またこの二つの方向しかないと思われる。

第一はいわば外延的 extensive に、環境容量を拡大する方向である。宇宙映画に描かれるような、地球外天体への移住植民、あるいはもう少し現実的な方法として、他の天体(木星など)の資源探索と採取、もち帰りである。この方向は、最もストレートな環境容量の拡大ではあるが、コスト・パフォーマンスやカバーしうる資源アイテムの限定性等々からほとんど現実的ではないと思われる。

もう一つの方向は、反対に微視の方向への内包的 intensive な方向である。生命の最小単位である遺伝子の組み換えによる農業生産性の拡大、物質の最小単位である素粒子の操作による、核エネルギーの開発である。この方向が、現在現実に行われている、環境容量の抜本的な拡大の、基本的な方法である。

二一世紀に入って以降の、新しい現代社会の全体理論として、世界的に知られている唯一の理論はウルリッヒ・ベックらによる「リスク社会論」である。それは現代社会の特質を、「リスク社会化」として捉えるものである。この理論は一九八六年チェルノブイリの原子力発電事故災害によって一気に全世界的な説得力を獲得し、二〇一一年福島の原発事故を契機に、日本でも一般社会にまで広く知られるようになった。もともとはインド・ボパールの大規模化学工場事故災害や、ＢＳＥ(狂牛病)や、遺伝子組み換え作物の発ガン性等々を分析したものである。

原子力発電と遺伝子組み換え等々のもたらすリスクこそが、現代社会の問題の中心であるととらえる「リスク社会論」が、今世紀初頭の最も説得力のある「現代社会論」であるという事実自体が、現代社会の状況をよく物語っている。よくあることだが、「危機をむりやりに突破しようとする行動自体が、新しい危機を誘発する他はない」という、本格的な危機のループの中に、現代社会はあるということである。

人間にとってのロジスティック曲線は、コンクリートの天井みたいな仕方ではなく、どこまで行っても拡大の可能性はまだあるように見えながら、むりやりに突破しようとするならば、リスクをそれだけ拡大してしまう、透明な弾力帯みたいな仕方で、貫徹している。

それでは出口は、どこに見出すことができるか？

環境容量を強行的に拡大しつづけるということは、ほんとうに必要なことなのだろうか？

環境容量をむりやりにでも拡大しつづけるという強迫観念は、経済成長を無限につづけなければならないというシステムの強迫観念から来るものである。あるいは、人間の物質的な欲望は限りなく増長するものであるという固定観念によるものである。もしそのようなものであるならば、たとえ宇宙の果てまでも探索と征服の版図を拡大しつづけたとしても、たとえ生命と物質の最小の単位までをも解体し再編し加工する手を探り続けたとしても、人間は、満足するということがないだろう。奇跡のように恵まれた小さい、そして大きい惑星の環境容量の中で幸福に生きる仕方を見出さないなら、人間は永久に不幸であるほかはないだろう。それは人間自身の欲望の構造について、明晰に知ることがないからである。この点については次章でさらに展開してみたいと思う。

けれども一章で見てきたように、日本の青年たちの価値の感覚が、シンプル化、素朴化、ナチュラル化という方向に動いていること、二章で見たように、フランスの急速に増大している「非常に幸福」な青年たちの幸福の内容を充たしているのが、他者との交歓と自然との交感とを基調とする、ピーダハーンとさえも通底するような、〈幸福の原層〉の素直な解放であるということは、高原期に人間を形成した最初の世代たちが、理論による認識よりも先立ってすでに、その生きられる感覚において、環境容量のこれ以上の拡大を必要としない方向で、ロジスティック曲線を歓ばしい曲線とする方向で、無数の〈単純な至福〉たちの一斉に開花する高原として実現するという方向で、生きはじめているように思われる。

六章　高原の見晴らしを切り開くこと

1　総理の不幸

上野千鶴子と浅田彰のおしゃれな対談の冒頭は、次の問答である。

上野　恋愛ゲームはお好き？

浅田　再生産ゲームよりは好きです。

ここで再生産ゲームとは、人間の再生産、つまりセックスのことである。浅田はここで、恋愛にも再生産にも、あまり関心がないということを言っている。浅田にはその代わり、学問があり、芸術がある。現代思想と音楽と美術と文学についての浅田の鋭利な批評の業績は好きでなければできることではない。

社会の多くの人々は、浅田と反対に、学問や芸術にはそれほどの関心はなくても（とくに学問の方には）、恋愛や再生産には強い関心があるのではないかと思う。わたしのように特によくばりな人間は、学問にも芸術にも恋愛にも再生産にも強い関心があるので、中間の経済ゲームにはほとんど関心の配分がない。

こんなことをいうと、何をおまえは仙人みたいなことを言っているのだ。おまえが経済にあまり関心がないのは、たんにおまえが生存のための物質的な基本条件を一応は確保できているからにすぎないだろう、という批判の声が聞こえる。この批判は正しい。完全にそのとおりである。わたしも家出して食べるものも食べられなかった時代には、何かよいアルバイトはないかと、経済欲でギラギラしていた。仙人も性格も一切何の関係もないことである。単純に基本的な生活条件の確保という問題であるにすぎない。

このことをうらがえして言えば、どんな人間も、性格がよくてもわるくても、基本的な生活のための物質的な条件が確保されれば、それ以上の経済などにはあまり関心をもたないものである。

以前国会の論戦において、若い二人が結婚をしても、住宅その他、生活が大変なので、幸せになることができないという質問に対して、時の総理がそれでもその二人はわたしよりも幸福だと思うと語って野党の猛攻撃を受けていた。わたしは野党の支持者だったが、この一点だけに関しては、自民党の総理のいうことの方が正しいと内心は考えていた。それはこのような経験があったからである。冬の郊外の駅前の夜の屋台で、仲のよかった人と一緒に熱いラーメンをすすっていた時今ここで死んでしまってもいいという幸福感に充ちあふれていることを意識していた。その幸福が好きな人と一緒にいるということから来るのか、熱いラーメンの方から来るのか、どちらかは分からなかったが、少なくともこの二つが両方そろえば、それ以上のものは、自分には何もいらないなと感じていた。

もちろん社会には幸福のために必要な基本的な物質条件をすでに十分に確保しながら、その上になお、何億でも何十億でも金もうけをしてみたいという人はいる。けれどもそういう人は、ある種の趣味の悪い人として、みんなからけいべつされるだけというふうに、時代の空気の潮目は変わろうとしている。

立ち止まって基本を固めておくと、基本的な生活のための物質的な条件の確保ということは、もちろん、何よりもまず必要なことである。そのために経済発展ということはある水準までは必要であった。現在でも世界の多くの貧しい国々では、必要である。また、豊かな先進産業諸社会の中にも今もなお飢えている人びともいる。「熱いラーメン」も食べられない人びとである。けれども後者の、「豊かな社会」の内部の飢えている人びとに関していえば、それはほんとうは、これ以上の経済成長の問題ではなく、分配の問題である。分配の問題を根本的に変革しないで、いくら成長をつづけても、富はそれ以上の富の不要な富裕層にぜい肉のように蓄積されるだけで、貧しい人びとは、いつまでたっても貧しいままである。

計算してみれば分かることだが、日本を含む先進産業諸社会においては、まずすべての人びとに、幸福のための最低限の物質的な基本条件を配分しても、なお多大な富の余裕は存在している。この巨大な余裕部分にかんしては、経済ゲームの好きな人たちは、いくらでもシェアを争って、自由な競争をしたらいいとわたしは考えている。肝要のことは、経済的不平等の完全な否定とか、格差の消滅ということではなく、すべての人に、幸福のための最低限の物質的な条件を、まず確保するということである。

必要な以上の富を追求し、所有し、誇示する人間がふつうにけいべつされるだけ、というふうに時代の潮目が変われば、三千年の悪夢から目覚めた朝の陽光みたいに、世界の光景は一変する。必要な以上の富を際限なく追求しつづけようとするばかげた強迫観念から資本家が解放されれば、悪しき意味での「資本主義」はその内側から空洞化して解体する（人間の幸福のためのツールとしての資本主義だけが残る）。* ホモ・エコノミクスという人間像を前提とする経済学の理論は少しずつ、しかし根底的に、その現実妥当性を失う。人間の欲望の全体性に立脚する経済学の全体系が立ち現われる。

＊ 二〇一〇年アメリカ、メリーランド州を始めとして、二〇一七年七月までの短期間に三三の州とワシントンDCにおいて相次いで法制化されたベネフィット・コーポレーションは、オランダ、イギリスなどヨーロッパと、中南米諸国にも拡大しつつあるが、貨幣価値の増殖だけを自己目的とするのではない資本のシステムに向かう、試行のさまざまな形の一つとして見ることができる。

今やあり余る高度産業諸社会の生産力の成果は、最初はその社会の中の未だ飢えた人びとの方に、それから世界中の諸地域の飢えた人びとの方に、双方の歓びをもって奔溢し、生存の基本条件をゆきわたらせるところまで、止まることがない。あるいは世界の諸地域の幾百年、幾千年生きられてきた自立的な生活系、生態系をこれ以上破壊し開発し搾取することがない。飢えと荒廃と怨恨とテロリズムとの問題は、その根源から解消する。(文化人類学の報告するところによれば、ある部族の「富める者」、「豊かな者」ということばは、「多くを人に与えることのできる人」という意味であるという。富の究極の日的は贈与の歓びにあると。)

紀元前六〇〇年から〇年までの、人間史の第一の巨大な曲がり角である〈軸の時代〉の転回が六百年を要したように、第二の巨大な曲がり角もまた、六百年を要するだろう。少なくとも、百年を要するだろう(蟷螂の易くは構へ変へられず　山口古南)。けれどもこの転回は、必ず来る。転回の基軸となるのは、「幸福とは何か」、「人間の欲望とは何か」という単純な素朴な問いに対する徹底した真正面からの回答である。

その現実的な胚芽はすでに、一章、二章で見てきたように、世界の高原期に達した社会の、この局面の中で人間を形成してきた最初の世代たちの、生きられる価値の感覚の中に、事実として存在している。

2　フリュギアの王

人間史の第一の曲がり角であった〈軸の時代〉の、偉大な哲学と宗教とを生み出した現実的な基盤は、貨幣経済の勃興による、人間の生きる世界の「無限化」ということであった。これにひきつづく第II局面の三千年は、この貨幣経済が人間を成形してきた局面といえる（ホモ・エコノミクスの生成と一般化）。

貨幣経済は人間の最大の発明の一つといっていいだろう。人類の幸福にとって、その功績は数え切れない。未来の人間がどんな社会をつくろうとしても人々の自由な共存のツール（道具）としての貨幣のシステムは必要でありつづけるだろう。

すばらしい発明は、その力の絶大の故に、その絶大の力以上の力をもつもののように「万能」の力をもつもののように、時代の人びとを幻惑し、欲望を再編成し、自己目的化し、価値の基準化し、人間が作り出した装置でありながら、人間を支配する「目的」となることがある。神や国家はその例である。貨幣はおそらく、神と国家との中間に定位している。

百合の花のある部屋に入るとその当初には、鮮烈な百合の香りに圧倒されるが、そのうちにあまり感じなくなるものである。

貨幣経済という画期的なシステムの世界に初めて投げ込まれた時代の人びとの強烈な経験は、ミダス王の神話をはじめ、世界の大陸のさまざまな伝説や説話やエピソードに残されている。（『日本霊異記』（『日本国現報善悪霊異記』）などなど）。*

＊日本における貨幣経済の日常世界への最初期の浸透と人びとの精神変容の衝撃が、前代的な心性との干渉によって生成したおどろおどろしい伝承の数々とその時代社会的な背景については、真木悠介『時間の比較社会学』第二章三節「世間の時間と実存の時間」。

貨幣経済の発祥は、前七〇〇年頃、当時の大陸間交易の要衝であったリュディアの地である。リュディアはギリシャ半島のエーゲ海を挟んだ対岸イオニアの内陸である。このイオニアの中心都市ミレトスで、「最初の哲学者」ミレトス学派は生まれた。ミダス王はこのリュディアの東方フリュギアの王である。知られているとおり、ミダス王は黄金を何よりも愛し、手に触れるものすべてを黄金にへんずるという力を獲得するのだが、水を飲もうとしても水が黄金に変わってしまうので、のどが渇いて死んでしまうというものである。貨幣経済のあらあらしい発生機にミダス王の神話を生み出した人びとが直観したのは、貨幣の欲望の本質は世界の等質化ということにあること。つまり抽象化することにあること。この故に貨幣の欲望には限度がないこと。具体の事物への幸福感受性を涸渇すること。この故に人は現代の人間のように、死ぬまで渇きつづけるということである。三千年の射程をもつ予感であった。

人間の歴史の第Ⅱ局面とは、貨幣経済の初機の局面、貨幣経済の圧倒的な力の前に幻惑され、自己目的化し、価値基準化し、幸福のためのツールの一つとして使いこなすには至らなかった局面ということができる。

3　三千年の夢と朝の光景

この章は、経済成長の完了した後の高原の見晴らしについて、最もよくある質問に応答するために記された。それは、これ以上の経済成長のない社会とは、停滞した、退屈な社会ではないか、という質問である。

人間史の第Ⅲ局面の高原の見晴らしを切り開くという課題の核心は、第Ⅱ局面を支配してきた、あの欲望と感受性との抽象化＝抽象的に無限化してゆく価値基準の転回であり、欲望と感受性との具体性、固有性、鮮烈なかけがえのなさの開放である。

経済競争の強迫から解放された人間は、アートと文学と学術の限りなく自由な展開を楽しむだろう。歌とデザインとスポーツと冒険とゲームとを楽しむだろう。知らない世界やよく知っている世界への旅を楽しむだろう。友情を楽しむだろう。恋愛と再生産の日々新鮮な感動を享受するだろう。子どもたちとの交歓を楽しむだろう。動物たちや植物たちとの交感を楽しむだろう。太陽や風や海との交感を楽しむだろう。

ここに展望した多彩で豊饒な幸福はすべて、どんな大規模な資源の搾取も、どんな大規模な地球環境の汚染も破壊も必要としないものである。つまり、永続する幸福である。

転回の基軸となるのは、幸福感受性の奪還である。再生である。感性と欲望の開放である。存在するものの輝きと、存在することの祝福に対する感動能力の開放である。

補　欲望の相乗性

ここでこの章は終わりにするつもりだったけれども、最後に一点、つけ加えておきたいと思う。

序章の総論「現代社会はどこに向かうか」を、初稿発表時に読んでいた高橋博之さんという未知の読者から、一通の批判の手紙をもらった。高橋さんは、総論の内容に全面的に強く共鳴するのだけれども、一点だけ、不満があるという。その不満とは、この総論の終わりのところで、第Ⅲ局面の高原の人びとの幸福として、アートと愛と自然との交感が記されているのだけれども、そこになぜ農業がないのか。農業くらい楽しい、生きがいのある仕事はないのに、という、コロンブスの卵みたいな論点であった。

高橋さんは、宮沢賢治がその生涯でいちばん理想に近い日々をすごした「羅須地人協会」の畑の近くに住んで、岩手の県会議員を二期つとめたあと、県知事に立候補して現職に敗れ、政界をやめて、農業生産者と都会の消費者を直接につなぐ「食のネットワーク」

を展開している。ある時農業者のメンバーの一人秋田潟上《かたがみ》市の菊地さんが、いろいろな悪い条件が重なって、この年の稲刈りはとてもできないということになってしまった。絶望した菊地さんは、一人でも二人でも、稲刈りを手伝ってくれる人が来てもらえないだろうかとネットワークの通信に出した。その時になると、のべ二〇〇人以上の人がさまざまな地域から集まって来て、初めての都会の若い人たちも泥水に脚までつかって、二週間あまりで稲刈りを完了してしまった。集まった都会の人たちにとっても、それは祭典のような一日一日であったらしい。そんなエピソードなども伝える、同封の資料たちを見ながら、高橋さんの手紙の批判は、高橋さん自身と、つながりのある多くの人たちの経験と実感とにうらうちされている論点だな、と感じた。

最初にわたしが連想したのは、一九七〇年代に若い人たちをひきつけていたユートピア的な共同体たちの一つの実験だった。この共同体では、労働が全然強制されない。仕事はやりたい人が好きな仕事をやればよく、もちろん生活は保障される。というものだった。そんなことで社会というものが成り立つものか、そんなまちがった甘い幻想はおれが行って粉砕してやる、という固い決意をもってこの共同体にのりこんだ人がいた。その人は釣りが好きだったので、毎朝ご飯を食べると、共同体の仕事をしている人たちの中をこれ見よがしに釣竿をかついで、近くの川か池に通った。帰ると夕ごはんをおいしく食べて、ゆっくりねる。五七日目かに、だんだんあそんでいることが退屈になって、ついにニワトリの世話などをしはじめたという。もちろんがんばって、何十年もあそびつづけるということも考えることはできるが、そういう人は少ないと思う。仕事というのは、強制されたものでない、好きな仕事ならば、あそぶこと以上にさえも楽しいものである。

この共同体それ自体は、別に問題があってあまりうまくいかなかったという話も聞いているのだけれども、仕事というものが、経済的にさえも強制されることがなくても、仕事をやりたいという動機づけだけで、社会は回ってゆくはずだという発想と、そのための果敢な試行自体は、さまざまのことを根本から考え直してみるきっかけとなった。

このエピソードは以前『気流の鳴る音』という本にも書いたものだが、ここに出てくる魅力的な人物の一人に、野本三吉さんという人がある。野本さんは横浜の寿町という、東京の山谷、大阪の釜ヶ崎とならんで、日本の三大スラムといわれた地域に移り住んで、生きてゆけない人たちの相談にのったり、生活を分かち合ったりすることを二〇年位やっていたが、その後一九九一年、横浜市立大学に招かれて、加藤彰彦という本名で社会福祉の授業を担当し、二〇〇二年に沖縄大学に移った。

この横浜市立大での最終講義に強い感銘を受けた学生たちが、講義の録音を起こして手づくりの冊子にしたものの一つを、わたしの所にも届けてくれた。この講義の核心は、〈福祉は衝動である〉ということであった。福祉というものの現場の現実の、きびしさ、みにくい部分までをも含めて、そのすみずみまで身体で知りぬいてきた野本三吉＝加藤彰彦がそのうえでなお〈福祉は衝動である〉と言い切るとき、それは、きれいごとではないと思った。目の覚める認識であると思った。福祉という仕事は、正義とか善意とかいうことの前に、人間の深い欲望であると。これから福祉や介護の現場に巣立とうとする若い人たちにこの核心は、ストレートに届いて、共振したのだと思う。

トルストイは、小説を書くことは咳みたいなものだと言った。『戦争と平和』のような巨大な仕事も、止めても止まらない衝動みたいに、書きつづけられたのだと思う。

ここでトルストイとは対極的に、一番小さい、しかも、悪い方の事例をひとつ、思い出してしまった。

わたしの小さい時の、大きい楽しみのうちの一つは、バスの一番うしろの席にうしろ向きに座って、外を見ながら、ガタガタゆれるたびに、頭が天井にぶつかりそうになるトランポリンを妹と二人で、キャーキャー言いながら、楽しむことだった。そこが一番よくゆれる席だということをよく知っていた。戦争中だから日本の道路事情は、田舎も都会も、よくなかったと思う。よくあることだが、ある日祖母から、「お兄ちゃんは大きくなったら何になりたい?」ときかれた。わたしはためらわず、「バスの運転手になって、うんとガタガタゆらして運転して、みんなをよろこばせる。」と答えた。すると、にこにこしていた祖母が急にこわい顔になった。「バスの運転手というのは、人のいのちをあずかる大切な仕事です。そんなふざけた、ふまじめな気持ちでやるものではありません。」と怒られた。

バスをゆらせればみんながよろこぶと思ったことは、わたしのあさはかな、まちがいだった。方法はまちがっていたのだけれども、ばかな子どもが考えていたのは、何とかして、みんながよろこぶ仕事がしたい、ということであったと思う。お菓子屋さんになりたい子どもと同じ思考の回路であった。よい先生に恵まれた人は、教師となることを志望することがある。大切な人の命を医術で救われた人は、医師となることを欲望することがある。人によろこばれる仕事をすることは、人間の根源的な欲望である。

高橋さんの提起の趣旨は、農業ということのとくべつな意味にあったとおもう。自然との直接的な交感。「食」という最も基本的な部分で、人間の社会を支えていること。このことを正しいとして認めた上で、ここでは、もう少し一般的な論点として、高原期の人びとが楽しむことのできる幸福のリストの大きい項目として、「社会的な〈生きがい〉としての仕事」、共存の環としての仕事ということを、一つつけ加えておきたいと思う。

経済競争の強迫から解放された人びとは、それぞれの個性と資質と志向に応じて、農業や漁業や林業やもの作りや建築や製造や運転や通信や情報や報道や医療や福祉や介護や保育や教育や研究の仕事を欲望し、感受して楽しむだろう。あらゆる種類の、国内、国外のボランティア活動を楽しむだろう。

依拠されるべき核心は、解き放たれるべき本質は、人間という存在の核に充塡されている、〈欲望の相乗性〉である。人によろこばれることが人のよろこびであるという、人間の欲望の構造である。

補章　世界を変える二つの方法

Because of you,/ life is new.
Carlos Santana *Borboletta*（不死蝶）

1　ベルリンの壁。自由と魅力性による勝利。

二〇世紀は戦争と革命の世紀といわれていた。後半の四〇年を支配した「冷戦」は、三つ目の世界戦争であった。この戦争の終結は、だれもが予想しなかったものだった。それは軍事力による勝利ではなく、「西側」の世界の自由と魅力性による勝利であった。西側社会の自由と魅力性とにあこがれた「東側」の民衆は、ベルリンの壁を、命を賭けてその内側から解体し、東ヨーロッパとソビエト連邦の民衆もこれに触発されて、その内部では「永久」と考えられていた体制を、つぎつぎとその内側から解体したのであった。

それは軍事力による勝利ではなかった故に、敗者の側に怨恨や復讐心が残るということもなかった。それは、正しい勝ち方であったからである。

冷戦の終結の教訓は、ふつう、資本主義の社会主義に対する優位性ということにあったと言われる。実際この劇的な勝利の後、二〇年近くの間、二〇〇八年の世界経済危機までは、資本主義こそ最終の永久的な体制として、世界を支配するシステムとなった。

けれどもその最終的な完成としての全世界化、「グローバル化」は、地球環境と資源の有限、新しい貧困とテロリズム、「リスク社会」化の恐怖など、さまざまの矛盾と限界を露呈するに至った。「ベルリンの壁」の解体の何年か後につくられたドキュメンタリー映画にはこのようなショットがあった。「東側」を脱出した一人の飢えた母親と小さい子供が、イルミネーションの輝く西側の街角をさまよっている。ショーウィンドウには、豊かな消費物資があふれているが、母子が手にすることはできない。母子はもう一つの見えない壁が、冷たい巨大な透明な壁のあることを知る。

共産主義の壁を打ち砕いて解放された人びとの前に立ち現われた、豪華なショーウィンドウの透明なもう一つの壁は、資本主義の壁であった。

このもう一つの透明な壁は、どのように開かれることができるだろうか。

このもう一つの壁もまた、自由と魅力性の力によって、内側から破られなければならない。

2 二〇世紀型革命の破綻から何を学ぶか。卵を内側から破る。

ベルリンの壁は、ほんとうは、一〇〇年前に、このもう一つの透明な壁を打ち破ろうと試みた、巨大な実験の失敗の残骸であった。だからわれわれは、失敗をくり返さないために、この壮大な実験の失敗の成行の全構造を、明確に把握しておかなければならない。

二〇世紀を賭けた革命の破綻の構造は、端的に言えば、次の三点に集約できる。①否定主義(「とりあえず打倒!」)、②全体主義(三位一体という錯覚)、③手段主義(「終わりよければすべてよし!」)。

①否定主義 negativism(「とりあえず打倒!」)

一九二〇年代、三〇年代ドイツの「戦後民主主義」であったワイマール共和国は当時世界で最も自由な、民主的な体制であったが、戦勝国からの過重な賠償賦課と、一九二九年恐慌という外的な要因もあって、多くの困難と矛盾と不満とに苦しんでいた。ナチスはこの矛盾を衝き不満を捉えて、ワイマール体制の打倒を唱え、ユダヤ人、共産主義、社会主義、自由主義、カトリックと、つぎつぎと憎悪の対象を設定して一掃するが、現実に実現したのは、戦後民主主義よりもはるかに陰惨な全体主義の地獄であった。

レーニンの主導するロシア革命は、当初は、壮大な理想の下に、帝政ロシアの野蛮な圧政と、その下で発達した資本主義とを打倒するが、二〇年を経ずに現実に実現するのは、スターリン体制下の同様に陰惨な全体主義の地獄であった。

どのような社会を現実に実現するのかという、肯定性の構想なしに、とりあえずの打倒を唱導し扇動する否定主義的な革命や運動に、われわれは身を委ねることはできない。

憎しみは人間を破綻に導く、最も強力な感情である。「憎しみのるつぼに赤く映ゆる、鉄の剣を打ちきたえよ」と、二〇世紀の革命歌は歌っていた。二一世紀の右翼民族主義もこの歌を歌う。憎悪の罠にとらえられた人間は、抜け出すことができない。憎悪の罠を抜け出すことができるのは、憎悪を否定し、のりこえようとすることによってではなく、どこかで憎悪とは反対の感情を経験することをとおしてだけである。

②全体主義 totalitarianism。三位一体という錯覚。

二〇世紀型社会主義革命の最大の理論的な誤ちは、経済の領域におけるシステムの計画性ということが、政治の領域における一党支配＝民主主義の否定、および、思想・言論の領域における統制＝自由の否定ということを、不可分に必要とすると考えたことにある。二〇世紀型社会主義革命がすべて、おぞましい抑圧的な管理社会を実現してしまったことの原因は、このまちがった三位一体の思いこみ（レーニン主義）にある。冷静に考えてみれば分かることだが、経済の領域における「社会主義」（分配の公正化のためのシステムの計画化）は思想言論の領域における完全な自由と、政治の領域における複数政党制と議会制民主主義と、完全に両立しうるものである。「社会主義」がもしほんとうに人々の幸福を実現するならば、それは、思想言論の完全な自由の下で、複数政党制による議会制民主主義のシステムの下で、人びとによって支持され、選択され、永続されるはずである。もし反対に、それが不幸をもたらすのであれば、それはもちろん、廃止され、あるいは修正され、部分的にしろ全面的にしろ、資本主義が再び導入されるべきである。このように柔軟な軌道修正を可能とするのも自由な思想言論と、民主主義的な政治のシステムだけである。

だから、思想言論の領域における自由と、政治の領域における民主制こそが優先されるべき基盤であり、この前提の上でのみ、経済の領域における「社会主義」はすぐれた政策的ツールの一つとして、選択されるべきものである。

二〇世紀末北欧諸国の試みは、多くの困難に直面する試行錯誤の途上にあるが、少なくとも、経済の領域における「社会主義」的な理念――万人に最低限の物質的な生活諸条件は確保するための再分配のシステムが、思想言論の領域における自由と、政治の領域における民主制とが、現実に両立可能であることを、立証してきたように思われる。

③手段主義 instrumentalism。「終わりよければすべてよし」。

二〇世紀の経験から現在われわれが学ぶべき負のレガシーの第三は、否定主義全体主義と並んで、「手段主義」ともいうべきものである。手段主義とは、未来にある目的のために、現在の生を手段とする、ということである。二〇世紀型の革命的人間は、未来にある「理想社会」の実現のために、現在ある自己の一回限りの人生を、耐え忍ぶべき手段のように感覚していた。二〇世紀後半の世界の半分に影響力をもったソビエト共産主義のイデオロギーには二段階図式ともいうべき公式の考え方があった。「究極の未来」である共産主義社会は楽しく、何の抑圧もない社会であるが、現在は未だ多くの現実的な障害があり、これらの強力な障害を打倒するために、現在のところ、「指導政党」による集中的な権力支配と、思想言論の統制が必要である、というものである。このようにそれは①否定主義、②全体主義とも結びつき、これらを下支えする思考であったけれども、この手段主義のイデオロギーが、あらゆる抑圧とマキャベリズム、政治的利用主義とを正当化し、現実に生きる人間たちの一回限りの人生を、まずまずしく*耐え忍ぶべき手段としての年月と化した。二〇世紀末の敏感な若い人たちは、「終わりよければすべてよし」という感覚がスターリニズムの核心にあることを直感していた。

＊まずまずしい＝「みずみずしい」の反対語。七〇年代女性解放運動等において、「まずまずしい生からみずみずしい生へ」という風に使われた。

この節でふりかえってきた二〇世紀の経験の、さまざまの固有名詞は、その内に歴史の地層に埋もれて、知る人もいなくなるだろう。けれどもここで抽出した三つの陥穽――否定主義、全体主義、手段主義という三つの陥穽は、これからどのような社会を実現しようかと考える人たちの前に、いつでも開かれる現在的な陥穽として、ありつづけるのではないかと思われる。

「オムレツを作るには卵を割らなければだめだ」というのは、レーニンの有名なことばであった。理想的な世界を実現するには、暴力的な破壊も必要なのだということである。

これに対してダグラス・ラミスは、「卵は内側から破られなければならない」と言った。新しい世界の胚芽となる、肯定的なものの実体が、まず現在に存在し、この実体が力強く育っていく時に、桎梏となるものがあるなら、それは、この生命自体によって、内側から破られるのでなければならない。この胚芽たち自体が、新しい世界を作る主体となるのでなければならない。そうでなければ卵の内部生命は生きられず、新しい権力者のオムレツとして、食べられてしまうだけだ、ということである。

ベルリンの壁を打ち破って脱出してきた母子たちの前に立ち現われた、あのもう一つの巨大な透明な壁もまた、ベルリンの壁が打ち破られたのと同じ仕方で――自由と魅力性の力によって、内側から開放されるのでなければならない。

3　胚芽をつくる。肯定する革命 positive radicalism。

二〇世紀の真剣な、そして壮大な試行錯誤の悲惨な成行の根底にあるものとしてわれわれが見出したのは、第一に「否定主義」negativism。実現されるべき肯定的なものの明確なヴィジョンよりも「とりあえず打倒！」という情念。第二に「全体主義」totalitarianism。社会の理想の実現のために特定の政党や指導組織に権力を集中し、思想言論の統制を行うことが必要であるというイデオロギー。第三に「手段主義」instrumentalism。未来にある「目的」のために、現在生きている人々のそれぞれに一回限りの生を手段化する、という感覚である。

初めは正しい願いからも出発していたこの回路をくりかえすことのないために、新しい世界を創造する時のわれわれの実践的な公準は、次の三つであるように思われる。

第一に positive。肯定的であるということ。

第二にdiverse。多様であること。

第三にconsummatory。現在を楽しむ、ということ。

肯定的であるということは、現在あるものを肯定する、ということではない。現在無いもの、真に肯定的なものを、ラディカルに、積極的に、つくりだしてゆく、ということである。その中で桎梏となるもの、妨害となるもの、制約となるものがあれば、権力であれ、システムであれ、この真に肯定的なものをこそ力とし、根拠地として、打破し、のりこえてゆくということである。

多様性。

宮沢賢治の詩稿の断片に、このような一節がある。

ああたれか来てわたくしに言へ／「億の巨匠が並んでうまれ、／しかも互に相犯さない、／明るい世界はかならず来る」と

われわれはここで巨匠の項のコンセプトに、幸福をおきかえてみることができる。

億の幸福が並んで生まれ、／しかも互いに相犯さない、／明るい世界はかならず来る。

と

明るい世界の核心は、億の幸福の相犯さない共存ということにある。

マルクスが communism というものを発想した最初の場所にはこの時代のドイツの奔放な青年たち、労働者たち、学生たちのブルシェンレーベンの、歓びと感動に充ちたコミューンたちの鮮烈な経験があった。この輝かしい経験がそのまま世界の全体に拡大したらどんなにすばらしいだろうと考えた時に、コミューン主義の、後世「共産主義」とも翻訳されることになる、全体主義的ないわば大文字の Communism への実に微妙な、けれど決定的な、変質と反転があった。コミューンは小さいものでなければならない。権力をもたないものでなければならない。自由な個人が、自由に交響する集団として、あるいは関係のネットワークとして、ほかのさまざまな価値観と感覚をもつコミューンたちと、互いに相犯さないものでなければならない。共存のルールをとおして、百花繚乱する高原のように全世界にひろがりわたってゆく、自由な連合体 association でなければならない。

Consummatory は、とてもよい言葉なのだが、どうしても適切な日本語におきかえられない。consummatory は instrumental(手段的)の反対語である。手段の反対だから目的かというと、それはちがう。目的とか手段とかいう関係ではない、ということである。〈わたしの心は虹を見ると躍る〉という時この虹は何かある未来の目的のために役に立つわけではない。つまり手段としての価値があるわけではない。かといって「目的」でもない。それはただ現在において、直接に「心が躍る」ものである。この時虹は、あるいは虹を見るということは、コンサマトリーな価値がある。コンサマトリーという公準は、「手段主義」という感覚に対置される。新しい世界をつくるための活動は、それ自体心が躍るものでなければならない。楽しいものでなければならない。その活動を生きたということが、それ自体として充実した、悔いのないものでなければならない。解放のための実践はそれ自体が解放でなければならない。

このような三つの公準、positive、diverse、consummatory ということを統合し、具体化したイメージの一つを提起するならば、〈胚芽をつくる〉ということである。新しい世界の胚芽となるすてきな集団、すてきな関係のネットワークを、さまざまな場所で、さまざまな仕方で、いたるところに発芽させ、増殖し、ゆるやかに連合する、ということである。

4　連鎖反応という力。一華開いて世界起こる。

原子力という、それ以前の人類の想像力になかった力。現代の世界を支配するにいたった力の秘密は、連鎖反応 chain reaction という一点にある。一つの微細な粒子の変化が、他の一つの微細な粒子の変化を触発する。このような微細な粒子のつぎつぎの連鎖反応だけが、巨大な爆発力となる。止まることのない無限連鎖という力である。

"Chain Reaction"という反核運動の雑誌のタイトルは、一人の人間が一人の人間を説得するという、地道な仕事が、やがて反核の巨大な力を形成するという方式を表現している。反核のための人間の連鎖反応である。この発想は、新しい時代の見晴らしを切り開くための〈解放の連鎖反応〉としてもおきかえてみることができる。

一つの純粋に論理的な思考実験を行ってみる。

一人の人間が、一年間をかけて一人だけ、ほんとうに深く共感する友人を得ることができたとしよう。次の一年をかけて、また一人だけ、生き方において深く共感し、共歓する友人を得たとする。このようにして一〇年をかけて、一〇だけの、小さいすてきな集団か関係のネットワークがつくられる。新しい時代の「胚芽」のようなものである。次の一〇年にはこの一〇人の一人一人が、同じようにして、一〇人ずつの友人を得る。二〇年をかけてやっと一〇〇人の、解放された生き方のネットワークがつくられる。ずいぶんゆっくりとした、しかし着実な変革である。同じような〈触発的解放の連鎖〉がつづくとすれば、三〇年で一〇〇〇人、四〇年で一万人、五〇年で一〇万人、六〇年で一〇〇万人、七〇年で一〇〇〇万人、八〇年で一億人、九〇年で一〇億人、一〇〇年で一〇〇億人となり、世界の人類の総数を超えることとなる。

この純粋に論理的な思考実験は、もちろん現実ではない。現実はこういうふうにはならない。いくつもの阻害する要因があり、反対に、加速する要因もある。肝要のことは速さではなく、一人が一人をという、変革の深さであり、あともどりすることのない、変革の真実性である。自由と魅力性による解放だけが、あともどりすることのない変革であるからである。

一〇〇年というのはずいぶん悠長な革命であると思われるかもしれないけれども、軸の時代Iの革命が六〇〇〇年余りを要したことを思えば、速い革命である。それよりも本質的なことは、この〈肯定する革命〉は、破壊する革命ではなく創造する革命であり、未来の社会のために現在の生を犠牲にする革命ではなく、解放のための実践が、それ自体現在の生における解放として楽しまれる革命であるから、自分の周囲に小さいすてきな集団やネットワークが胚芽としてつくられたその時にすでに、それだけの境域において、革命は実現しているのである。

一華開いて世界起こる。その一つの花が開くときにも、一つの細胞がまず充実すると、他の一つずつの細胞が触発されて充実する、という、充実の連鎖反応によって、全体が大きく開くのだという。

今ここに一つの花が開く時、すでに世界は新しい。

あとがき

序章の総論「現代社会はどこに向かうか／高原の見晴らしを切り開くこと」の原型は、二〇一一年〈定本　見田宗介著作集〉第Ⅰ巻『現代社会の理論』に収録の後、二〇一六年〈現代思想〉総特集『見田宗介＝真木悠介』に、および『社会学入門』岩波新書の二〇一七年以降の新しい版の第六章として収録した。論旨は全く変わっていないが、細部の実例や表現に少しずつ手を加えて来た。

一章「脱高度成長期の精神変容／近代の矛盾の「解凍」」。〈定本　見田宗介著作集〉第Ⅵ巻『生と死と愛と孤独の社会学』に同題の原型が収録されているが、本書では新しく二〇一三年調査のデータを基に、理論的にも、あらためて徹底的な展開を行っている。二〇一三年調査データの、青年層の精神の変化に焦点を集中した再集計については、ＮＨＫ放送文化研究所において、「日本人の意識」調査を長く担当されて来た河野啓さん（現K&Kラボ）の力によって、的確にして周到な集計表の作成と提供とをいただいた。深く感謝したい。

また一章ではアクチュアルな現場からの「質的」なデータとして、補節2で「生活スタイル、ファッション、消費行動／「選ばれた者」から「選ぶ者」へ」を加えた。

二章「ヨーロッパとアメリカの青年の変化」においては、世界価値観調査の、原データからの再集計と統計分析において、（補節で引用した自由回答調査の方の未発表原票の提供と共に）、見田朱子君の全面的な協力を得た。また自由回答調査の方の回答分の日本語訳は、パリ第四大学博士課程の関大聡君の力に負うものである。

三章「ダニエルの問いの円環／歴史の二つの曲がり角」の原型は〈思想〉二〇一三年六月号巻頭エッセイ「ダニエルの問いの円環」であるが本書のテーマと流れの中で、改稿した。

四章「生きるリアリティの解体と再生」は二〇〇八年から一五年くらいの間に、各地の講演会、シンポジウム、学会招待講演、新聞インタビュー等ではなしてきたことの骨子を、本書の主題と流れの中で、書き下ろした。

五章「ロジスティック曲線について」、六章「高原の見晴らしを切り開くこと」と補章「世界を変える二つの方法」は、初めからこの本のための書下ろしである。

岩波書店編集部古川義子さんには、前著『社会学入門』の時と同様、種々行き届いた編集をしていただいた。

原稿のワード作成と図表のエクセル作成では、見田悠子君、見田真木子君の全面的な協力を得た。

「樹の塾」と「胚芽をつくる会」の諸君には、実にさまざまの支援をいただいた。

それから本書を、今は亡き鶴見俊輔さんに捧げたい。本書の中では一度も言及していないが、鶴見さんの、素朴なポジティヴなラディカリズムは、一番大切なことをわたしに教えてくれた。

日本最初の近代詩集『若菜集』序詞の中で島崎藤村はおいしいとおもはれるかどうかわからないぶどうのコンセプトを提起している。

ここに一房のぶどうをおいしく味わってくれる味覚のある読者と出会うこともあること

を夢見て、もう一つの新しい時代を告げるアンソロジーを世界に放ちたい。

二〇一八年五月

見田宗介

見田宗介

1937-2022年，東京都生まれ
東京大学名誉教授
専攻─現代社会論，比較社会学，文化の社会学
著書─『時間の比較社会学』*（岩波現代文庫）
『宮沢賢治──存在の祭りの中へ』（岩波現代文庫）
『旅のノートから』*（岩波書店）
『現代社会の理論──情報化・消費化社会の現在と未来』（岩波新書）
『社会学入門──人間と社会の未来』（岩波新書）
『定本 見田宗介著作集』（全10巻，岩波書店）
『定本 真木悠介著作集』*（全4巻，岩波書店）
（*印は，真木悠介の筆名）
編集─『社会学事典』（共編）（弘文堂）
『岩波講座 現代社会学』（共編）（岩波書店）

現代社会はどこに向かうか
──高原の見晴らしを切り開くこと　岩波新書（新赤版）1722

2018年6月20日　第1刷発行
2024年8月26日　第8刷発行

著　者　見田宗介《みたむねすけ》

発行者　坂本政謙

発行所　株式会社 岩波書店
〒101-8002 東京都千代田区一ツ橋 2-5-5
案内 03-5210-4000　営業部 03-5210-4111
https://www.iwanami.co.jp/

新書編集部 03-5210-4054
https://www.iwanami.co.jp/sin/

印刷・三秀舎　カバー・半七印刷　製本・牧製本

ISBN 978-4-00-431722-7　　Printed in Japan

岩波新書新赤版一〇〇〇点に際して

ひとつの時代が終わったと言われて久しい。だが、その先にいかなる時代を展望するのか、私たちはその輪郭すら描きえていない。二〇世紀から持ち越した課題の多くは、未だ解決の緒を見つけることのできないままであり、二一世紀が新たに招きよせた問題も少なくない。グローバル資本主義の浸透、憎悪の連鎖、暴力の応酬――世界は混沌として深い不安の只中にある。

現代社会においては変化が常態となり、速さと新しさに絶対的な価値が与えられた。消費社会の深化と情報技術の革命は、種々の境界を無くし、人々の生活やコミュニケーションの様式を根底から変容させてきた。ライフスタイルは多様化し、一面では個人の生き方をそれぞれが選びとる時代が始まっている。同時に、新たな格差が生まれ、様々な次元での亀裂や分断が深まっている。社会や歴史に対する意識が揺らぎ、普遍的な理念に対する根本的な懐疑や、現実を変えることへの無力感がひそかに根を張りつつある。そして生きることに誰もが困難を覚える時代が到来している。

しかし、日常生活のそれぞれの場で、自由と民主主義を獲得し実践することを通じて、私たち自身がそうした閉塞を乗り超え、希望の時代の幕開けを告げてゆくことは不可能ではあるまい。そのために、いま求められていること――それは、個と個の間で開かれた対話を積み重ねながら、人間らしく生きることの条件について一人ひとりが粘り強く思考することではないか。その営みの糧となるものが、教養に外ならないと私たちは考える。歴史とは何か、よく生きるとはいかなることか、世界そして人間はどこへ向かうべきなのか――こうした根源的な問いとの格闘が、文化と知の厚みを作り出し、個人と社会を支える基盤としての教養となった。まさにそのような教養への道案内こそ、岩波新書が創刊以来、追求してきたことである。

岩波新書は、日中戦争下の一九三八年一一月に赤版として創刊された。創刊の辞は、道義の精神に則らない日本の行動を憂慮し、批判的精神と良心的行動の欠如を戒めつつ、現代人の現代的教養を刊行の目的とする、と謳っている。以後、青版、黄版、新赤版と装いを改めながら、合計二五〇〇点余りを世に問うてきた。そして、いままた新赤版が一〇〇〇点を迎えたのを機に、人間の理性と良心への信頼を再確認し、それに裏打ちされた文化を培っていく決意を込めて、新しい装丁のもとに再出発したいと思う。一冊一冊から吹き出す新風が一人でも多くの読者の許に届くこと、そして希望ある時代への想像力を豊かにかき立てることを切に願う。

（二〇〇六年四月）